LA VIDA DEL
BUDA

Discovery Publisher

Autor : Edith Holland
Translator : Carolina Haro
Editor : Pedro Barrios
Editor en jefe : Adriano Lucca

616 Corporate Way
Valley Cottage, New York, 10989
www.discoverypublisher.com
edition@discoverypublisher.com
facebook.com/discoverypublisher
twitter.com/discoverypb

New York • Paris • Dublin • Tokyo • Hong Kong

TABLA DE CONTENIDOS

LA VIDA DEL
BUDA

Prólogo

NTES DE QUE existieran los libros, los hechos históricos se transmitían oralmente. Por lo tanto, era algo natural que la historia original, al cabo del tiempo y a base de ser repetida varias veces, sufriera varias modificaciones debido a los nuevos detalles que se le añadían.

De este modo, en todas las historias de tiempos muy remotos podemos encontrar mezclados hechos y leyendas. Ocurre lo mismo con la historia que estoy a punto de contar. Cuando la vida de Buda era relatada una y otra vez en países muy lejanos de donde ocurrieron los hechos, se añadían cuentos de maravillas y milagros a la historia original. Con frecuencia, muchas de estas hermosas leyendas poseían un sentido alegórico, y eran muy apreciadas por los Orientales.

Veréis que a veces es difícil diferenciar entre hechos y leyendas que se combinan con el transcurso del tiempo. Pero, en el fondo, ¿por qué deberíamos preocuparnos por ello? Sabemos que los acontecimientos de mayor importancia en la vida de Buda son hechos históricos, y eso es todo lo que importa.

Capítulo I
Oriente y Occidente

OS CONTARÉ LA historia sobre la vida de un gran hombre. No era un gran hombre en el sentido que el mundo tiene de «grandeza», no era un conquistador ni un héroe en el sentido mundano; de hecho, durante muchos años de su vida fue un mendigo. Buda es el nombre con el que usualmente se le conoce; pero antes de comenzar con mi historia debo contaros algo sobre las tierras en las que vivió y enseñó, en el gran y misterioso Oriente, el cual es muy diferente en todos los aspectos del lugar del mundo en que vivimos.

La característica más sorprendente de nuestro moderno mundo Occidental es el cambio. Pensad en los cambios que han ocurrido en los últimos cien años: se han creado ferrocarriles y automóviles, se han llevado a cabo maravillosos inventos en maquinaria, ha habido maravillosos descubrimientos en la ciencia y se ha usado la electricidad para iluminar nuestras casas y ciudades y para muchos otros propósitos. Si nuestros abuelos pudieran ver el mundo Occidental tal como lo vemos nosotros, les sería difícil reconocerlo.

Las personas de Oriente no han deseado estos cambios, y, donde no han sido perturbados por las ideas de Occidente, sus modales y costumbres han permanecido intactos durante cientos de años. Si uno de los patriarcas sobre los que leemos en la Biblia fuera a visitar los lugares donde alguna vez vivió, encontraría un mundo familiar, y las cosas comunes del día a día serían las mismas que recordaba: vería el buey trillando y a la mujer llevando sus cántaros al pozo como estaban acostumbradas a hacer hace más de dos mil años; incluso en apariencia la gente habría cambiado muy poco, pues no hay una nueva moda en Oriente, y las mismas vestimentas elegantes que se usaban en los tiempos de los patriarcas se verían en la actualidad.

Nuestras vidas aceleradas y ajetreadas también son un extraño contraste con la pasiva y soñadora «vida de Oriente». En Occidente la mayoría de las personas están ocupadas y ansiosas de lograr todo lo que se pueda en el día. Si no están trabajando, están muy ocupadas divirtiéndose, y pocas se toman un tiempo para reflexionar ya que lo considerarían como una pérdida de tiempo. Pero en Oriente nadie que no esté obligado se da prisa, y se le da poca importancia al tiempo o a la puntualidad.

Así, Occidente es el nuevo mundo de acción y progreso; y Oriente, el antiguo mundo de reflexión. No se podría decir que uno está en lo correcto y el otro está equivocado. Cada raza humana tiene diferentes cualidades y trata de mejorar el mundo siguiendo la dirección que le parece más acertada. Los griegos nos enseñaron lo que es la verdadera belleza y nos dejaron modelos de belleza que nunca han sido superados. Los países de Occidente se han concentrado principalmente en la ciencia y la mecánica, y a ellos le debemos la mayoría de las comodidades y ventajas de la vida diaria. Pero es en Oriente donde debemos buscar la idea espiritual de la que han nacido las religiones que han marcado profundamente al mundo. Es ahí donde surgieron todos los grandes maestros de la humanidad —Moisés, Buda y Mahoma—, y no debemos olvidar que fueron las personas de Oriente, en los alrededores de Oriente Próximo, quienes primeramente recibieron el mensaje de Cristo. Cada reflexión profunda acerca de los asuntos espirituales ha tenido su génesis en Oriente; el mundo podría prescindir más de todas las mejoras de la civilización moderna que de la sabiduría de Oriente. No importaría realmente si se tuviera que llevar un cántaro al pozo para poder tener agua en vez de abrir el grifo de agua caliente y fría; pero sería de extrema importancia si nunca se hubiera escuchado nada sobre una vida más allá de esta vida terrenal, o sobre el Reino de los justos.

Como vemos, los objetivos de Oriente y Occidente han sido totalmente diferentes. ¿Quién puede decir cuál escogió la mejor parte?

· · · · · ·

El propio nombre de Oriente suena a encanto y misterio, y la primera visita a un país de Oriente es como abrir un nuevo libro de misteriosos y hermosos cuentos de hadas en donde todo es muy diferente a las experiencias comunes de la vida cotidiana. Los preciosos colores que se tornan aún más vivos bajo el cielo de color zafiro, los alegres plumajes de las aves, las asombrosas flores y frutos y las muchas nuevas y desconocidas vistas te hacen sentir como si estuvieras viviendo en un lugar de ensueño.

Sin embargo, no penséis que Oriente es solamente una preciosa tierra de ensueño. Si profundizamos un poco más, hay tristeza, como en todas partes. En países civilizados se esconden lo máximo posible las vistas tristes y horribles, y aquellos que son afortunados y llevan una vida placentera difícilmente conocen la miseria que existe en el mundo. Pero en Oriente todo sigue su propio camino, y las leyes de la naturaleza se imponen implacablemente. «La creación se queja y sufre el mismo dolor que una mujer a punto de dar a luz». A menudo recordamos esto al experimentar las tristes vistas de una ciudad Oriental. En ellas podéis ver mendigos tendidos, como Lázaro, con sus úlceras expuestas bajo un sol abrasador, pidiendo limosnas a los transeúntes. Los escalones de una mezquita u otro edificio grande estarán siempre llenos de personas lisiadas y ciegas. Quizás un hombre con la cabeza cubierta pueda, al pasar, mostrar su cara de leproso blanca como la nieve. Y al vagar por los arrozales podréis ver un buey moribundo rodeado por una bandada de buitres que se acercan tanto como se atreven, esperando el próximo banquete.

Es así como las personas de Oriente se familiarizan con el sufrimiento y la enfermedad. Ellos poseen más paciencia y resignación que los Occidentales, así como menos miedo a la muerte. La tristeza de la vida se acepta como algo necesario; lo notamos de muchas formas. La música es un lenguaje que expresa los pensamientos y sentimientos de un pueblo. En Europa, las canciones y melodías que se vuelven populares son en su mayoría de naturaleza alegre; pero, por el contrario, la música de Oriente es generalmente triste y patética, aunque a menudo muy hermosa. Una pequeña y quejumbrosa melodía que cubre una gama de tres notas se repetirá una y otra vez en una monotonía interminable.

Pero, a pesar del hecho de que las creencias de la vida se basan en esencia en una serie de tristes mentiras, las personas de Oriente son bastante capaces de disfrutar de los placeres que les llegan. En muchos ámbitos, son personas de mentalidad muy simple que disfrutan de los placeres sencillos casi como niños; viven en constante contacto con la naturaleza, más de lo que podemos estar nosotros. La civilización moderna ha tendido a hacer nuestras vidas artificiales; pasamos la mayor parte del tiempo encerrados, saliendo en función de pautas establecidas para ejercitarnos o entretenernos. Salvo algunos que se han dedicado a estudiar la cuestión, sabemos poco de los hábitos de los pájaros y los animales y somos capaces de considerar la naturaleza como algo totalmente aparte del hombre. Sin embargo, en Oriente es diferente: las personas no tienen que estudiar la naturaleza en libros ya que están inmersos en ella en su vida cotidiana y están familiarizados con las aves y los animales. En las llanuras de la India veréis a niños pequeños desnudos llevando a los búfalos de agua a pastar en los alrededores de la selva, y grandes animales que seguirán a los niños de forma sumisa y sabrán su camino; sin embargo, es mejor que los forasteros europeos no se acerquen a estos animales.

Las religiones de la India son muy antiguas y se han practicado desde hace muchos siglos antes de los tiempos del cristianismo. Antiguamente los europeos sabían muy poco sobre estas antiguas religiones y solían considerar como pagano e idólatra a toda persona que profesara otras creencias que no fueran las suyas. Los sabios aprendieron las lenguas antiguas en los tiempos modernos, momento en el que fueron capaces de entender los libros sagrados de los hindúes y budistas, entre otros. Durante el siglo XIX se hicieron muchas traducciones de estas escrituras antiguas, y a través de ellas aprendimos que Dios no había olvidado a estas personas ni tampoco las había dejado en las tinieblas. A pesar de que ellos nunca tuvieron la oportunidad de alcanzar un pleno conocimiento de Dios, se les dio suficiente luz como para permitirles llevar vidas nobles y guiarlos hacia los caminos de la verdad y el sacrificio personal.

Capítulo II
El Reino de los Sakyas

L A GENTE DE la India siempre ha sido religiosa. Su religión es algo muy verídico para ellos y tiene gran influencia en sus vidas. La religión predominante en la India es el hinduismo, o como a menudo se la llama, brahmanismo. Esta religión ha existido, con diversos cambios, desde los tiempos más remotos de los que tengamos registros. Parece haber tenido sus comienzos en el culto a los poderes de la naturaleza, o más bien a aquellos seres que se suponía que controlaban estos poderes. De este modo, estaba Indra, dios del aire o del cielo; y Rudra, dios de la tormenta, cuyas flechas en forma de rayo fulminaban a hombres y bestias. Había un dios del fuego, uno del sol, uno del viento…, y se creía que todos estos dioses o espíritus escuchaban las plegarias de los hombres y aceptaban sus sacrificios. Con el transcurso del tiempo se fueron creando nuevos dioses, o se dieron nuevos nombres a dioses ya existentes.

Poco a poco, despertó en la gente de la India la creencia en un Dios supremo, muy por encima de los dioses de la naturaleza. Le nombraron Brahma y creían que él era el creador del mundo, de los dioses y de los hombres, la fuente de la vida, y que en él todos los seres tenían su principio y su final. Los habitantes de la India han creído desde hace mucho tiempo en lo que se conoce como transmigración del alma, lo que significa que el alma se reencarna en otro cuerpo. De esta forma, creen que cuando un hombre muere su alma migra al cuerpo de otro ser que está a punto de nacer. Las buenas o malas acciones de un hombre predisponen las condiciones de su siguiente vida: si sus acciones han sido buenas, nacerá otra vez para disfrutar un entorno más feliz; pero si, por el contrario, lleva a cabo malas acciones, nacerá para sufrir la miseria y la tristeza, como un ser humano o un animal. Los hindúes creen que la mayoría de las tragedias que sufrimos son castigos por pecados cometidos en una vida anterior. Tienen gran respeto hacia los animales y creen que ellos también poseen almas como la humana, y que se esfuerzan para llegar a un estado de perfección. Pero un hombre debe vivir innumerables vidas antes de que su alma se pueda perfeccionar y sea apta para reunirse con Brahma, a quien finalmente toda vida debe retornar, al igual que la humedad que surge desde el mar y cae sobre la tierra en forma de lluvia se abre camino a través de los ríos para volver al océano. Una vez que el alma se haya perfeccionado, ya no nacerá nunca más en el mundo para sufrir las miserias de la vida terrenal, sino que conseguirá la paz eterna. Es esta salvación, esta unión con Brahma, lo que todo devoto hindú espera.

Aunque las hindúes veneraban a muchos dioses, desde tiempos muy remotos existieron pensadores o filósofos que creían que todos los otros dioses eran representaciones del gran creador Brahma. Estos hombres santos renunciaron a todas las ocupaciones terrenales y fueron a vivir a los grandes bosques para no ser interrumpidos, donde pudieron pensar sobre los misterios de la vida, la muerte y el mundo más allá de la muerte. Creían que si sumían su cuerpo en la ayuna, sus mentes se iluminarían y comprenderían mejor las grandes verdades que buscaban descubrir. Las personas sentían mucho respeto por los hombres santos gracias a su sabiduría y conocimiento. Incluso los reyes les hacían reverencias y solicitaban sus consejos en asuntos importantes.

Antiguamente la India no estaba dirigida por un solo soberano, sino que estaba dividida en muchos estados pequeños. Los gobernantes de estos estados se llamaban *rajás* o 'reyes', aunque sus reinos a veces eran muy pequeños. Si consultamos el mapa de India, sabremos mejor dónde ocurrieron los hechos que estoy a punto de contar. Primero, hemos de encontrar el gran río Ganges, puesto que fue en las tierras fértiles que bordean este río donde el héroe de nuestra historia pasó muchos años de su vida, deambulando de un lugar a otro enseñando sus doctrinas. Lo que es ahora la provincia de Oudh era en ese entonces el poderoso reino de Kosala, y la provincia de Bahar, que se extiende hacia el este de Oudh, el reino de Magadha. Escucharemos con frecuencia estos dos reinos en el transcurso de nuestra historia.

El río Rapti recorre el extremo noreste de Oudh. Al este de este río hay una larga franja de tierra fértil y bien regada donde existen muchos arrozales y hermosos bosques y arboledas de mango y tamarindo. En los tiempos de nuestra historia, esta tierra era un pequeño estado independiente, no más grande que Yorkshire. Este limitaba al este con el río Rohini, que desemboca en el Rapti cerca de la actual ciudad de Gorakhpur. Al norte se levantaban las oscuras montañas de Nepal, y más lejos, los nevados picos del Himalaya. Los habitantes de esta tierra se conocían como *sakyas*, y en la ribera del Rohini se encontraba su capital: Kapilavastu. Generalmente, los nombres orientales son bastante difíciles de recordar, pero este es un nombre importante que no se debe olvidar. Os contaré la historia del fundador de la ciudad; después entenderéis el significado de su nombre, al igual que el de la tribu a quien pertenecía esta tierra.

En la tenue bruma de las eras pasadas, en una época tan lejana que es imposible siquiera atribuirle una fecha, vivió un rey que tenía cinco hijos. Reinaba en un país llamado Potala. Le había prometido a la reina que su hijo menor sería el heredero del trono y, cuando este niño creciera, los otros cuatros hermanos mayores serían desterrados. Acompañados de sus hermanas y un gran número de sirvientes, dejaron el reino para probar suerte en otro lugar. Dirigiéndose hacia el norte, viajaron muchos agotadores días hasta que finalmente llegaron a una tierra fértil donde fluían ríos y crecían bosques tupidos; a lo lejos, las blancas cumbres del Himalaya contrarrestaban el azul intenso del cielo.

Los hermanos se asentaron cerca de un acogedor río y construyeron chozas con hojas; conseguían su alimento cazando animales salvajes en las selvas cercanas. En la ribera de este río vivía un ermitaño, un hombre santo que se había apartado del mundo para pasar sus días en devota meditación. Kapila, como se le llamaba al ermitaño, les dio a los cuatro hermanos muchos sabios consejos y, al final, les convenció para que construyeran una ciudad. Él marcó los límites con arena dorada mezclada con agua y, una vez terminada la construcción, la ciudad fue nombrada Kapilavastu. La palabra «vastu» significa 'tierra', y como el ermitaño Kapila fue quien ofreció la tierra donde se construyó la ciudad, esta se llamó «tierra de Kapila» o Kapilavastu.

Después de un tiempo, el rey de Potala, que había preguntado por sus cuatro hijos, fue informado sobre estos acontecimientos. Cuando escuchó cómo habían deambulado por una desconocida tierra y habían fundado una ciudad, se llenó de admiración por su audacia y los llamó «jóvenes audaces». Desde ese día, a los hijos del rey y sus descendientes se les conoció como *sakyas*, que significa 'osados' o 'emprendedores'. Es así como se fundó el reino de los *sakyas*. Los antiguos relatos cuentan que muchos cientos de reyes sucedieron a estos jóvenes y reinaron la tierra de Kapilavastu. Con el tiempo se construyó una segunda ciudad al otro lado del río Rohini, llamada Koli.

Entre quinientos y seiscientos años antes del nacimiento de Cristo el rey Suddhodana reinó la tierra de los *sakyas*. Era el descendiente de uno de los cuatro hijos de la historia que acabo de contar. Este rey se casó con las dos hijas del rey de Koli, que estaba emparentado con él. Las esposas del rey se llamaban Maya y Pajapati. Hasta este momento de nuestra historia, ninguna de las dos pudo darle un hijo, y esto se tradujo en un gran pesar para el rey, ya que no tenía ningún hijo que le pudiera suceder.

La reina Maya tuvo cuatro sueños en los cuales aparecían muchas señales y maravillas. En el último de sus sueños vio una gran muchedumbre de personas que le hacían reverencia. Como los sueños eran considerados algo importante para los eventos futuros, el rey llamó a sesenta y cuatro hombres sabios, que fueron invitados al palacio para explicar el significado de los sueños de la reina. Se preparó un banquete y se sirvió arroz y miel en platos de oro y plata. Se regalaron a los sabios preciadas cabezas de ganado y vestidos de seda para tratarles con gran respeto. Después de discutir el significado de los sueños, le dijeron a la reina que se alegrara porque engendraría a un hijo que traería consigo los treinta y dos signos de un gran hombre. Sin embargo, había que escoger entre dos tipos de grandeza. «Si permanece en la corte real, se convertirá en un soberano poderoso, el cual solo aparece en el mundo una vez cada diez mil años. Sus conquistas se extenderán hasta rincones lejanos de la tierra y todas las naciones se inclinarán ante él. Sin embargo, si elige renunciar al mundo, dejar su hogar y seguir el camino de un vagabundo afeitándose la cabeza y poniéndose ropas de mendigo, se convertirá en un gran santo, un iluminado».

En su debido tiempo nació el hijo de la reina Maya y hubo una gran alegría en toda la tierra de los sakyas. Las leyendas dicen que muchas señales y milagros se produjeron en el momento de su nacimiento. Toda la naturaleza pareció alegrarse: emergieron manantiales del suelo seco, brisas frescas soplaban suavemente desde los bosques y una gran luz iluminó toda la tierra. El mundo de los espíritus se alegró, y los devas, o 'ángeles', hicieron ofrendas de flores al recién nacido.

En una montaña del Himalaya vivía un hombre santo que, al escuchar que el niño había nacido, vino a verlo, lo tomó entre sus brazos y profetizó que se convertiría en un Buda o un iluminado. «Pero por desgracia, no viviré para cuando esto suceda». El rey Suddhodana, al conocer la grandeza futura del bebé, le hizo una reverencia. Siete días después del nacimiento de su hijo murió la reina Maya; pero su hermana Pajapati, la otra esposa del rey, se ocupó del pequeño como si fuera suyo y se convirtió en una segunda madre para él. Al príncipe se le llamó Siddhartha, y creció en la casa de su padre querido por todos.

Capítulo III
La Juventud de Siddharta

VERÉIS QUE AL héroe de nuestra historia se le llama por varios nombres: Buda, Siddharta y Gautama. Siddharta es el nombre que los padres le dieron al príncipe, igual que nuestros nombres cristianos, y Gautama era su apellido. Es curioso que siga siendo el apellido de los jefes del pueblo indio que se encuentra en el lugar del antiguo Kapilavastu. «Buda» significa 'el iluminado' o 'el que despertó'; no es verdaderamente un nombre, sino un título que se le dio a Gautama cuando logró el más alto conocimiento y se convirtió en maestro de la humanidad. Con frecuencia se le llama Gautama el Buda. Hubo muchos otros títulos que los seguidores dieron a su maestro, como el de *Shakyamuni*, 'el sabio de los *sakyas*', que es usado comúnmente por los budistas chinos en la actualidad. También se le ha llamado *Sakyasinha*, 'el león de la tribu *sakya*', *Jina*, 'el conquistador', *Bhagavat*, 'el bendito', y de otras formas. Pero al hablar del tiempo en que el príncipe vivió en la casa de su padre como heredero del trono lo llamaremos Siddharta.

El rey Suddhodana veneraba a su hijo pequeño, quien, aún en los brazos de las niñeras, se había ganado el afecto de todo aquel que se acercara por su belleza y su amabilidad. Pero cuando el rey miraba a su hijo, las profecías de los hombres sabios invadían su mente y se llenaba de ansiedad: «Si se queda en su casa, se convertirá en un gran monarca; pero si se marcha para vivir en la mendicidad, se convertirá en un Buda, un maestro de la humanidad». El rey deseaba tener a su hijo cerca y verlo coronado con grandezas terrenales, por lo que decidió rodear a su hijo con lujos para mantenerlo contento en su hogar y dio órdenes de mantener fuera de la vista del príncipe cualquier evento triste o terrible. No se permitió estar cerca del palacio a nadie deforme o poco agraciado físicamente. El joven príncipe fue atendido por hermosas y atractivas niñeras y asistido por un gran número de sirvientes dispuestos a cumplir cualquier deseo que él pudiera tener.

La tierra de Sakya era una zona rica y fértil. Amplios ríos fluían desde la cordillera del Himalaya y regaban los muchos campos de arroz que cubrían el bajo suelo entre los densos bosques. La agricultura era la principal actividad de la gente de Sakya, y como el arroz era su alimento básico, sus cosechas eran importantes para ellos, tal y como lo son las cosechas de trigo para los países de Europa y América. El rey Suddhodana poseía muchas hectáreas de tierra para cultivo. Puede resultar interesante saber que el nombre *Suddhodana* significa 'arroz puro'. Este nombre puede sonar extraño para nosotros, pero es casi lo mismo que el nombre español «trigal», que se le debió de dar, en primer lugar, a un hombre que poseía campos de trigo.

Cada año había un festival de la cosecha al cual asistían el rey y todos los señores de Sakya. La ciudad de Kapilavastu se cubría con banderas y guirnaldas de flores. Había un ambiente general de festividad; las multitudes vestidas alegremente se abrían camino desde las puertas de la ciudad hasta el lugar escogido para el festival, donde se encontraban miles de arados preparados, cada uno con su yunta de bueyes. El rey, al igual que sus ministros, participaba en la cosecha. El arado del rey y los cuernos de sus bueyes se adornaban con oro; los arados de los ministros, por su parte, estaban decorados con plata.

Cuando el príncipe Siddharta era aún un niño pequeño fue llevado al festival de la cosecha. Seguramente, el rey estaba tan orgulloso de su hermoso hijo que quería que todos lo vieran y lo aclamaran como futuro rey. El desfile real tuvo un impacto positivo en la ciudadanía. Es fácil imaginarse el ambiente alegre, las calles estrechas repletas de hombres, carros, caballos y elefantes, con todo el ruido y ajetreo de una ciudad Oriental. Se hicieron sonar los tambores para anunciar el desfile y así avisar a los habitantes para que despejaran el camino. Mientras el rey desfilaba rodeado de sus ministros, el oro y las joyas de su traje resplandecían al sol. Al llegar a los campos de arado el rey ordenó que el sofá del pequeño príncipe se pusiera bajo la sombra de un alto yambo, un poco alejado de la multitud. Se colocó un palio sobre el sofá, quedando así a la sombra de sus cortinas. Mientras el rey se encontraba lejos, ocupado en la cosecha, las niñeras del príncipe, al escuchar los gritos de la multitud, salieron corriendo para disfrutar del alegre ambiente, con la intención de volver inmediatamente; pero estaban tan concentradas contemplando al rey y a sus nobles guiar sus arados de oro y plata que olvidaron por completo al príncipe. De repente, al comprobar que el sol se había desplazado considerablemente hacia el oeste, las enfermeras volvieron rápidamente temiendo encontrar el sofá del príncipe expuesto a los intensos rayos del sol de la India. Grande fue su asombro al ver que la fuerte sombra del yambo aún protegía al príncipe, mientras que las sombras de todos los otros árboles se habían movido con el sol. Al mirar dentro de las cortinas encontraron al pequeño niño sentado con las piernas cruzadas, como cuando un hombre santo de la India se sienta para meditar. Los sirvientes corrieron e informaron al rey sobre el milagro que había tenido lugar. Cuando el rey Suddhodana llegó y observó la sombra del árbol, se maravilló profundamente y se inclinó ante su hijo en señal de profundo respeto.

Es natural que las historias de milagros y maravillas se tejan con las historias de las vidas de los grandes hombres. Debemos recordar que en el tiempo sobre el que escribimos, entre quinientos y seiscientos años antes de Cristo, no había registros escritos de los acontecimientos. Toda historia fue transmitida verbalmente hasta mucho tiempo después de que los hechos hubieran ocurrido. Sin embargo, a pesar de que los hindúes tienen una memoria excelente, es natural que con el tiempo las leyendas se mezclaran con las historias verdaderas. Debemos tomar los antiguos relatos como los encontramos, con sus hechos históricos que a menudo brillan a través de un halo de gloria, como nos parece que el sol del ocaso, entre la niebla de la tarde, se viste con vestidos de color púrpura y dorado. Los habitantes de la India siempre han creído en espíritus y hadas, y se supone que cada árbol tiene su espíritu guardián. Seguramente, se pensó que el espíritu del yambo había protegido al pequeño príncipe cuando se le había dejado solo, y entonces se inventó la hermosa leyenda de la sombra.

Cuando el príncipe Siddharta fue lo suficientemente grande como para iniciar su educación, lo enviaron a un hombre sabio que enseñaba a otros quinientos niños de Sakya. Pero el conocimiento de Siddharta era superior al de todos los demás; en aritmética y en todas las otras ramas del aprendizaje parecía saber lo mismo que su profesor. También aprendió a dirigir elefantes, y uno de sus tíos le enseñó a disparar con arco y flecha.

Siddharta tenía un hermanastro llamado Nanda y un primo llamado Devadatta. Probablemente los niños jugaban a menudo juntos en los agradables jardines del palacio que se extendían a lo largo de la orilla del río. Devadatta era un niño malhumorado, y desde el primer momento mostró una actitud envidiosa. No podía soportar que todos le prestaran tanta atención a su primo, y durante su vida hizo todo lo que pudo para estar en su contra.

Un gran árbol que estaba a las orillas del Rohini había sido arrancado durante una tormenta y había caído a lo ancho del río. El árbol actuaba como un dique: se inundaron todos los campos que estaban alrededor de Kapilavastu, y en la ciudad de Koli, que estaba a cierta distancia río abajo, escaseaba el agua. El árbol era tan pesado que la gente no podía retirarlo del río; pero Siddharta, que por entonces era un muchacho joven y conocido por su gran fuerza, bajó y lo retiró sin ninguna dificultad, aun cuando todos los otros jóvenes *sakyas* lo habían tratado en vano. Mientras que el príncipe pasaba por los jardines reales en dirección al río, una bandada de gansos salvajes pasó por encima de su cabeza; Devadatta, al ver a los gansos, disparó en medio de la bandada una flecha y uno de ellos cayó herido justo enfrente de Siddharta. Este sintió una profunda compasión por la pobre ave que yacía sangrando a sus pies. Levantándola, extrajo la fecha y, cuidadosamente, vendó la herida. Inmediatamente, un mensajero enviado por Devadatta llegó para reclamar el ave; pero Siddharta se negó a entregársela y dijo que le pertenecía, ya que había sido él quien había salvado su vida y no el que había intentado matarla. Esta fue la primera disputa entre los primos.

Cuando Siddharta alcanzó la edad adulta, el rey decidió que era el momento para que su hijo se casara. Él esperaba que dándole todos los placeres que el mundo pudiera ofrecer evitaría el cumplimiento de la profecía que afirmaba que el príncipe dejaría su casa para vivir en la mendicidad. Suddhodana había construido a su hijo tres hermosos palacios para las tres estaciones: uno para el calor del verano, otro para el clima frío y el último para la temporada lluviosa. En la India el clima no es tan cambiante como en Inglaterra, y hay temporadas fijas de calor, frío y lluvia.

El palacio construido para el gran calor de la India tenía frescos patios de mármol, terrazas abiertas y un jardín inundado por la sombra de altos árboles. El palacio para el invierno estaba revestido de madera y adornado con cálidas alfombras y pieles de tigre. Y, por último, el palacio para las temporadas lluviosas fue construido con ladrillos y revestido de coloridos azulejos. De estos majestuosos palacios, uno tenía nueve pisos de altura; otro, siete; y el último, cinco.

Ninguna de las niñas de Sakya era tan hermosa y encantadora como la princesa Yasodhara, prima de Siddhartha, que fue elegida por el rey para que fuera la esposa de su hijo. Cuando se celebró la ceremonia del matrimonio, Kapilavastu estuvo engalanada como las ciudades de los dioses, y la festividad y la alegría continuaron durante muchos días. Siddharta amaba profundamente a su hermosa esposa, tan dulce y buena como bella. Al parecer, los dos vivieron felizmente juntos en casas lujosas que el rey entregó a su hijo.

Suddhodana debió de sentirse más relajado al ver al príncipe disfrutar de toda la suntuosidad y los lujos de los que estaba rodeado. Había cuarenta mil bailarinas vestidas con hermosos trajes, que usaban velos coloridos y que hacían tintinear brazaletes y ajorcas. Las que tenían hermosas voces cantaban preciosas canciones. Otras tocaban el laúd. De este modo, si el príncipe estaba cansado o quería entretenerse, solo tenía que pedir un baile, una canción o una suave melodía del laúd; sus deseos eran satisfechos inmediatamente.

Después de un tiempo, a los hermanos del rey y a otros señores de Sakya les pareció que Siddharta estaba dedicando demasiado tiempo al placer. Aquello no estaba bien: dijeron que el hijo del rey pensaba solo en sus placeres y no aprendía nada de las cosas que un hombre debería saber. Si se desatara una guerra, ¿cómo podría guiar a los sakyas hacia la batalla? Entonces, fueron a hablar con el rey y le dijeron lo que pensaban. Cuando Suddhodana le dijo a su hijo que sus parientes se quejaban de que descuidaba sus obligaciones, Siddhartha dijo que probaría sus habilidades en todo tipo de ejercicios masculinos compitiendo con el más valiente de la tierra. Entonces, se asignó una hora para los deportes y los pregoneros salieron a la ciudad batiendo sus tambores para anunciar el evento.

Una multitud increíble se reunió para ver al príncipe y a los jóvenes nobles mostrar sus destrezas en tiro con arco, esgrima y en otras artes que un sakya debía saber. Algunos de los arqueros apuntaban tan bien que podían dividir un cabello. A pesar de que Devadatta siempre había sido considerado el mejor en tiro con arco y Nanda era conocido como espadachín, Siddharta fue mejor que ellos dos. En un templo estaba expuesto el gran arco que había pertenecido al abuelo de Siddharta, Sinhahanu, el cual se utilizó para que los jóvenes pudieran medir sus fuerzas; pero nadie fue capaz de encordar el arco excepto Siddharta, y cuando disparó su flecha, esta voló tan lejos que todo el mundo quedó maravillado. Siddharta fue el vencedor de todas las pruebas de fuerza y destreza.

Entonces, los señores de Sakya no tenían ningún motivo para temer que el príncipe estuviera atrasado en algún arte masculino, y todos reconocieron que él era el digno hijo de la gran raza de la cual provenía.

Capítulo IV
La Gran Renuncia

En el último capítulo hablamos sobre el matrimonio del príncipe con Yasodhara y sobre los juegos bélicos en los que superó a todos sus oponentes y recuperó la confianza de los señores de Sakya. Desconocemos lo que pasó en la vida de Siddharta durante los siguientes diez años; los antiguos relatos no dicen nada. Hasta los veintinueve años todavía lo encontramos viviendo rodeado de lujos con los que su padre buscaba que se aferrara a las glorias terrenales. Ingenuamente, Suddhodana aún mantenía la esperanza de que su hijo se convirtiera en uno de los más grandes soberanos que jamás se hubiese visto en el mundo. «Si no deja su hogar en veinte años, se convertirá en el rey de toda la tierra». Tal fue la oración del sabio, y el plazo casi se había cumplido. No hay duda de que durante esos diez años Siddharta pensó en profundidad muchas cosas. Los hindúes poseen mentes curiosas y una imaginación maravillosa, y las grandes interrogantes sobre la religión han sido siempre discutidas por sus instruidos pensadores. Quizás Siddharta ya tuviera en mente la idea de que él había nacido para ayudar al mundo, aunque tal vez no sabía cómo hacerlo. Desde muy pequeño siempre había mostrado una profunda compasión hacia todo ser vivo, ya fueran hombres o animales; sin embargo, el príncipe no sabía nada sobre el sufrimiento y la miseria de verdad. El rey había cuidado tan bien de Siddharta que nunca había visto ningún evento triste o terrible, ni tampoco había escuchado nada sobre la tristeza, la enfermedad o la muerte. Cuando paseaba en su carruaje por la ciudad, solo veía gente que parecía feliz y contenta. A los lisiados, enfermos y ciegos se les ordenó que se ocultaran.

Os preguntaréis por qué Suddhodana estaba tan preocupado por que su hijo no viera nada que lo pudiera perturbar. La razón era que se había profetizado que el príncipe no dejaría su hogar hasta que hubiera visto cuatro cosas marcadas por la tristeza de la vida terrenal; aquellas visiones lo impresionarían tanto que renunciaría al mundo. «Si no ve esas cosas —afirmaba el rey— no pensará en convertirse en un mendigo y será el monarca más grande que el mundo jamás haya visto».

A cierta distancia de palacio había unos hermosos jardines por donde a veces Siddhattha paseaba en su carruaje. Los árboles cubiertos con flores de aroma dulce proyectaban una agradable sombra durante el calor del mediodía, y varios tipos de hermosas flores de loto bordeaban la orilla de un lago de cristal donde el príncipe se bañaba en las tardes de verano. Un día, Siddharta quiso ir a los jardines y llamó a Channa, su auriga de confianza, y le dijo que preparara su carruaje para que paseara por la ciudad hasta los campos de recreación. De esta forma, el príncipe montó en su carruaje dorado tirado por cuatros caballos blancos como la nieve y adornados con oro. Al pasar por las calles, la multitud se amontonaba para verlo y le hacía reverencias para mostrarle que todos lo amaban por su belleza y su cortesía; Siddharta los miraba gentilmente y se alegraba de verlos tan felices.

De repente, en medio de la calle, justo frente al carruaje del príncipe, había un anciano que se tambaleaba; la edad había curvado su cuerpo y se ayudaba de un bastón, ya que sus piernas estaban tan débiles y encogidas que apenas podía mantenerse en pie. Los pocos cabellos que tenía el anciano eran blancos, sus ojos eran sombríos y nublados, y estiraba una arrugada mano para mendigar limosnas. Siddharta nunca había visto tan lastimero evento y estaba totalmente abrumado. Se giró hacia Channa y dijo: «¿Por qué este hombre es tan diferente a los otros? ¿Qué es lo que lo ha cambiado tanto que incluso su cabello es de un color diferente al de los hombres corrientes? ¿O ha sido siempre de ese modo?». Channa, cuyas respuestas fueron inspiradas por los ángeles, respondió: «Príncipe, es un anciano. Ese hombre ha vivido muchos años. Todo hombre se vuelve como él si ha vivido lo suficiente».

Siddharta le ordenó a Channa que condujera de vuelta a palacio. No estaba de ánimo para disfrutar de los encantos de los campos de recreación y permaneció callado y pensativo. No podía olvidar la imagen del desamparado anciano; se sentía como si el sol se hubiera oscureci-

do y toda la belleza de la tierra se hubiera desvanecido. Cuando llegó a palacio, Suddhodana preguntó a sus sirvientes por qué el príncipe había regresado tan pronto de su paseo. Al saber que su hijo había visto a un anciano —la primera de las cuatro predicciones— se llenó de un gran pesar. Esperando distraer la mente de Siddharta y hacerle olvidar su tristeza, el rey ordenó que las hermosas bailarinas realizaran ante el príncipe la más elegante de sus danzas y cantaran sus más dulces canciones. Los guardias se apostaron alrededor de la ciudad, en los cuatro puntos cardinales, con estrictas órdenes de detener al príncipe si este trataba de escapar.

Poco a poco, el recuerdo del anciano desapareció de la mente de Siddhartha de la misma manera en que se olvida algo triste o molesto con el paso del tiempo. Un día, pidió su carruaje y tomó el camino hacia los jardines; sin embargo, no había ido muy lejos cuando vio a un hombre tendido en el borde del camino que parecía sufrir un gran dolor. Su cuerpo estaba hinchado y pálido; su agonía le hacía gemir en voz alta mientras yacía en el camino, tan débil que no podía levantarse del suelo. Siddharta sintió una profunda compasión. Bajó de su carruaje de un salto para ver cómo podía ayudar al pobre hombre. Al llamar a Channa, exclamó: «¿Qué le ha pasado a este hombre que no puede mantenerse en pie? ¿Cómo es que ha perdido todas sus fuerzas y por qué está tan acongojado?». Channa respondió: «Eso se llama enfermedad. No sabemos si al día siguiente estaremos postrados en una cama a causa de alguna enfermedad, o si estaremos incluso como este hombre». El príncipe retornó a palacio como días atrás, con el sentimiento de que todo placer era en vano cuando tan profunda tristeza ensombrecía el mundo.

Después de un tiempo, el príncipe salió de nuevo en su carruaje. Esta vez vio a algunos hombres que llevaban un bulto inmóvil y sin vida en sus hombros. Unas mujeres con los cabellos desordenados los seguían, lamentándose en voz alta y llorando amargamente. Siddharta los miró fijamente conmocionado y sorprendido. «¿Qué están haciendo estos hombres? ¿Qué es esa inmóvil silueta que están llevando?», preguntó el príncipe. Channa respondió: «Príncipe, todos los hombres terminarán como esa inmóvil silueta cuando la vida se haya ido: lo que veis es la muerte». El príncipe regresó a palacio muy triste y pensativo. Uno por uno, los esplendores de la tierra parecían irse desvaneciendo, y la felicidad no era nada más que un sueño, una imagen pasajera apenas vislumbrada antes de que se desvaneciera.

El rey estaba desesperado. Todos sus cuidados y precauciones habían sido inútiles: Siddharta había contemplado tres de las cuatro predicciones que vería antes de que renunciara al mundo. Solo quedaba una, y Suddhodana sentía que estaría todo perdido si no podía impedir que su hijo la viera. Como temía que Siddharta intentara escapar por la noche, el rey aumentó en cada lugar el número de guardias. Él mismo vigilaba la entrada este de la ciudad, mientras que sus tres hermanos, cada uno con numerosos guardias, se ubicaron en la entrada norte, sur y oeste. Una tropa bajo el mando del sobrino del rey, Mahanama, se colocó en el centro de la ciudad y patrullaba las calles toda la noche.

Era otro día, y el príncipe salió de paseo en su carruaje, asistido por Channa. Cuando estaba de camino a los jardines, vio a un hombre muy distinto a todo aquel que hubiera visto antes. El hombre usaba simples prendas de un color naranja apagado, y su cabello y barba estaban rasurados. Llevaba un recipiente en su mano e iba de casa en casa mendigando sobras de comida. Siddharta estaba tan impresionado por la expresión feliz y tranquila del mendigo que le preguntó a Channa sobre él. Channa, cuyas respuestas siempre habían sido inspiradas por los ángeles, respondió: «El hombre que veis, príncipe, es un hombre bueno y honrado que ha renunciado al mundo y ha dejado todo lo que tenía; está obligado cada día a mendigar para poder comer». Siddharta se detuvo y habló con el hombre, y de repente todas sus dudas y problemas se aclararon: vio con absoluta claridad lo que debía hacer. Pensó para sí: *«Haré lo que este hombre ha hecho; dejaré todo lo que tengo y viviré en la mendicidad. Así encontraré la paz mental y adquiriré la sabiduría que enseñará a la humanidad a superar las miserias de la vida terrenal».* Siddharta condujo por los jardines con determinación, y sentía una paz que no había conocido en muchos años. Pasó el día disfrutando de las bellezas de los campos de recreación; por la tarde, se bañó en el lago. Después de esto, se recostó para descansar en una piedra grande y plana mientras que sus sirvientes le traían perfumes, bálsamos y magníficas vestimentas de diferentes colores. El príncipe permitió ser adornado con gran suntuosidad. El turbante de innumerables pliegues que envolvía su cabeza estaba sujeto con deslumbrantes joyas. «Esta es la última vez —pensó— que uso estas majestuosas túnicas».

Justo en el momento en que Siddharta estaba listo para subirse a su carruaje, un mensajero llegó con noticias de que la esposa del príncipe, Yasodhara, había dado a luz. Siddharta se quedó pensativo y dijo: «Será difícil deshacerme de esta nueva atadura. Esto es un obstáculo». Lo que quería decir era que el nacimiento de su hijo haría todo más difícil para que dejara su hogar y a sus seres queridos. Cuando Suddhodana supo lo que su hijo había dicho al recibir la noticia, llamó a su nieto Rahula, que significa 'obstáculo'. A su regreso a la ciudad, el príncipe encontró a todos alegres por las buenas noticias del nacimiento de un sucesor al trono, ya que era el único nieto del rey. Las personas seguían el carruaje del príncipe y lo saludaban con gritos de felicidad, sorprendidos por su gloriosa apariencia. Había una niña pequeña, la prima de Siddhartha, que miraba el desfile desde lo más alto de su casa y cantaba un hermoso verso para bendecir a la esposa, el padre y la madre del magnífico príncipe. Siddharta pensó: «*El bendito es el que supera todas las preocupaciones de la mente, pues tal es la bendición de la paz*», y envió un collar de perlas en agradecimiento a la niña por la hermosa canción.

Esa noche, el sonido de la música y las dulces canciones se deslizaban por los salones del palacio, y las bailarinas, hermosas como seres celestiales, se movían de manera elegante en un ir y venir; los brazaletes de sus tobillos tintineaban al moverse mientras cientos de lámparas iluminaban la escena como en un cuento de hadas. Sin embargo, Siddharta, cansado por todo lo que había ocurrido, no prestó atención a nada y se quedó dormido. Finalmente, los músicos y las bailarinas, que esperaban a que el príncipe se despertara, se quedaron también dormidos. A medianoche, Sidharta se despertó. Se levantó y, dando pisadas suaves hacia la puerta de la habitación, llamó en voz baja a Channa. Channa, que estaba durmiendo en el umbral, respondió: «Aquí estoy, señor». «Ve —dijo el príncipe— y ensíllame un caballo. ¡Esta noche dejaré mi hogar!». Channa obedeció las órdenes de su amo. Sidharta sintió un gran deseo de tomar a su hijo en brazos antes de escapar, así que de manera sigilosa fue hasta la entrada de la habitación de Yasodhara y miró hacia adentro. Gracias a la luz tenue de una lámpara pudo ver a su esposa durmiendo en la cama de flores de jazmín, mientras que su mano reposaba sobre la cabeza del bebé. Sidharta pensó: «*Si muevo su mano, se despertará, y no permitirá que me vaya*». Por tanto, no se atrevió a tocar al pequeño, pero permaneció de pie y los observó por un tiempo; luego, controlándose con gran esfuerzo, dio la vuelta y se marchó.

Afuera, bajo la blanca luna, Sidharta fue al jardín de palacio, donde Channa lo esperada con su caballo favorito, Khantaka. Era el día uno de julio; había luna llena y brillaba con una luz tan blanca que parecía que las nieves del Himalaya habían cubierto la tierra. Curiosamente, todo estaba en calma: no había ningún sonido, salvo el croar de las ranas a la orilla del río. El príncipe montó sobre el lomo de Khantaka y Channa tomó la cola del caballo y siguió a su amo. Pasaron por estrechas calles de la ciudad que por el día estaban abarrotadas; pero en ese momento estaban silenciosas y desiertas. Nadie escuchó las pisadas de Khantaka: los ángeles habían esparcido flores en su camino para que no se escuchara ningún sonido. Nadie sabía que el príncipe Siddharta estaba cabalgando desde la casa real a la mendicidad.

Mientras se acercaba a las puertas de la ciudad, una oscura sombra apareció en el cielo iluminado por la luz de la luna. Era Mara el Tentador, el espíritu del mal que buscaba dar un giro al futuro de Buda. «Quedaos, señor —gritó—. No os vayáis, y en siete días os daré todos los reinos de la tierra, y reinaréis sobre todos ellos». Sidharta respondió: «Sé bien que puedo tener todos los reinos de la tierra, pero no estoy buscando una grandeza terrenal. Me esforzaré para convertirme en un Buda y así alegrar los corazones de todo el mundo». Mara no logró hacer que desistiera de su propósito, pero siguió a Siddharta muy de cerca, como una sombra, esperando su oportunidad. Luego, pensó: «*Ya despertará en su mente una intensa pasión o un deseo perverso, y, entonces, será fácil vencerlo*». Las puertas de la ciudad eran tan enormes que se necesitaban muchos hombres para moverlas. Pero cuando Sidharta llegó a la entrada del lado este la encontró abierta, ya que los ángeles, alegres por el futuro de Buda, hacían su huida más fácil. Hicieron que todos los guardias durmiesen profundamente para que de esta forma el príncipe y Channa pudieran salir tranquilamente del reino.

Esa noche viajaron mucho, y cuando la luna se había ido y la luz del día teñía el cielo del este de un color dorado, llegaron a las orillas del río Anoma, más allá de la tierra de Koli. En la orilla de arena, el príncipe detuvo su caballo y desmontó. Se desprendió de sus ornamentos reales, se los dio a Channa y le ordenó que volviera a Kapilavastu. Sin embargo, Channa le rogó que le permitiese quedarse con su amo para servirle, pero el príncipe no lo podía permitir. «Debes regresar —le dijo—, y dile a mi padre y a mi familia lo que ha sido de mí». Entonces, Siddharta sacó su espada y se cortó él mismo el largo pelo y su barba. Luego, intercambió su ropa con la de un hombre pobre que pasaba por ahí, ya que pensó que su fino atuendo de muselina de Benarés no era adecuado para un mendigo.

De este modo, se cumplió la Gran Renuncia, la renuncia y el abandono de su hogar, su reino, sus riquezas, su esposa y su hijo. Channa regresó a la cuidad llorando y lamentando haber dejado a su amo de la realeza al lado del río con la vestimenta de un mendigo.

Capítulo V
La Búsqueda de la Verdad

DEJAMOS A SIDDHARTA como un vagabundo errante a las orillas del río Anoma, después de haber enviado de regreso a Channa a Kapilavastu para decir al acongojado rey lo que había sido de su hijo. Él, que toda su vida había sido atendido por un gran número de sirvientes, que había disfrutado de la comodidad de blandos sillones y elegantes atuendos, que se le había servido la más exquisita comida en platos de oro y plata, ahora no tenía ningún lugar para descansar y estaba obligado a pedir limosna para poder siquiera saciar su hambre. Como temía permanecer mucho tiempo cerca de la tierra de los *sakyas*, Siddharta decidió cruzar el Ganges para llegar a Rajagaha. Rajagaha era la capital del reino de Magadha, que, como hemos dicho, estaba ubicada en lo que es en la actualidad la provincia de Behar.

Una de las pocas cosas indispensables para un hombre santo de la India es un cuenco para pedir limosna donde pueda recoger las sobras de comida que recibe por caridad. Siddharta se confeccionó un cuenco con hojas, caminó hasta Rajagaha, entró una mañana temprano en la ciudad y fue de casa en casa para recolectar la comida suficiente. Mientras estaba tan ocupado, el rey de Magadha, Bimbisara, salió a la terraza de su palacio. Al ver al extraño monje, su noble apariencia le conmovió, y dijo a algunos de sus nobles que lo siguieran para ver dónde se hospedaba.

Cuando Siddharta terminó de recolectar suficiente comida, dejó la ciudad por la misma puerta por donde había entrado y se sentó bajo la sombra de una colina rocosa para comer su alimento. Todavía no estaba acostumbrado a la comida ordinaria que se servía a la mesa del pobre; apenas podía tragarla. Entonces, pensó y dijo: «Siddharta, es cierto que toda tu vida has estado acostumbrado a la exquisita comida de una casa de reyes; sin embargo, anhelabas dejar tu riqueza y volverte un mendigo trotamundos; ¿cómo es que ahora eres tan caprichoso con el alimento?», y se obligó a tragar la comida.

Cuando el rey Bimbisara supo dónde habían encontrado al extraño monje, viajó seguido de muchos sirvientes para visitarlo. Estaba tan cautivado por la actitud de Siddhattha y su conversación que ofreció darle riqueza, tierras y todo lo que hiciera su vida placentera. «Majestad —respondió Siddharta—, vengo de una fértil y rica tierra cerca del Himalaya, pertenezco a la tribu de los *sakyas* y soy descendiente de la realeza. Sin embargo, los tesoros del mundo no traen paz ni ayudan a superar la tristeza. Estoy intentando encontrar el camino que me lleve a la sabiduría suprema». «Prométeme —dijo el rey— que cuando hayas encontrado esa sabiduría vendrás a verme y me la enseñarás». Entonces, Siddharta le prometió al rey que así sería.

Rajagaha se ubicaba en un valle cultivado, rodeado de cinco montañas que formaban parte de una gran cordillera. Aproximadamente a tres kilómetros al este de la ciudad, en la cima de la montaña llamada Pico del Buitre, había algunas cuevas donde a menudo vivían ermitaños y monjes trotamundos. Siddharta permaneció en ellas un tiempo, ya que el lugar estaba convenientemente cerca de la ciudad donde podía obtener comida. Por entonces, Siddharta —o Gautama, como es comúnmente conocido después del inicio de su vida como trotamundos— comenzó firmemente a buscar la sabiduría y el conocimiento que anhelaba alcanzar. Había sido educado por un hindú, pero las doctrinas de los brahmanes —sacerdotes hindúes—, en las que las ceremonias y sacrificios tenían gran importancia, no lo satisficieron. Sintió que la verdad aún estaba escondida para él y que, como una preciosa joya que permanece enterrada en la oscura tierra, no la encontraría sino después de una larga y paciente búsqueda. Gautama puso en práctica todos los poderes de su mente y todo el coraje que había en él en la búsqueda de la verdad escondida. No era el único que se dedicaba a reflexionar sobre los grandes misterios de la vida y la muerte. Había habido muchos sabios y filósofos que habían dedicado sus vidas a estudiar estas grandes interrogantes. Uno de los maestros, llamado Alara, era tan conocido por su sabiduría que Gautama fue su discípulo durante algún tiempo; pero después de haber aprendido todo lo que este maestro podía enseñarle, sintió que

no había avanzado mucho en el camino hacia la verdad. Después, frecuentó a otro hombre santo llamado Udaka, pero tampoco la doctrina de este maestro lo satisfizo.

Después de esto, Siddharta decidió seguir su camino en soledad para comprobar si el ayuno y la penitencia le traerían la paz y lucidez que estaba buscando. Los hindúes siempre han tenido mucha fe en el ayuno como una forma de lograr la virtud y sabiduría. Gautama dejó los alrededores de Rajagaha y viajó en dirección sur, hasta que llegó a las maravillosas selvas de Uruvela, y ahí, no lejos del actual templo de Buda en Gaya, se instaló para tener una vida de solitud y meditación. No se debe pensar que un bosque de la India o selva se parece a los bosques ingleses, donde podemos caminar a través de agradables caminos musgosos rodeados de helechos y flores silvestres. Los únicos caminos en la selva son aquellos hechos por animales salvajes cuando dejan sus guaridas en busca de comida y se abren camino en el denso y enmarañado pasto y bambú. El camino del rinoceronte es un bajo y oscuro túnel justo del tamaño de su grueso y redondo cuerpo, pero el robusto elefante abre una amplia calzada cuando se desplaza con su poderosa embestida, pisoteando todo lo que está en su camino. Durante el calor del mediodía, la calma reina en estos bosques, como si estuvieran cargados de sueño; pero cuando cae repentinamente la noche y hay apenas luz en la India, os daréis cuenta de que la selva está llena de vida. En todos lados hay movimiento, un renacer, ya que los animales salvajes comienzan sus rondas nocturnas en busca de alimento. Sin embargo, el hombre santo que está instalado a los pies de un árbol para una meditación solitaria no prestará atención a los bramidos de los elefantes salvajes o al rugido del tigre, ya que su mente se encuentra absorta en cuestiones de otro mundo. En el día de hoy, los hombres santos hindúes se retiran a estas soledades salvajes, y cientos de ellos son cada año cazados y devorados por animales salvajes.

De este modo, Gautama construyó su hogar en los bosques de Uruvela y pasó sus días meditando, a la espera de la paz que anhelaba. Después de un tiempo, se le sumaron otros cinco monjes, que se le unieron como discípulos, impresionados por su gran bondad y santidad. Se maravillaron mucho con la determinación y fuerza de voluntad que poseía Gautama para continuar con el ayuno durante períodos prolongados. «Debe de ser un hombre muy santo —se dijeron unos a otros—. Sin duda, se convertirá en un Buda».

Hemos afirmado que los hindúes creen en la reencarnación del alma. Un «Buda» es un hombre que, al perseguir la virtud y la santidad a través de muchas vidas sucesivas, finalmente alcanza la perfección y adquiere la sabiduría que le permite convertirse en un maestro de la humanidad. Los budistas creen que este maestro aparece en el mundo cada cierto tiempo para guiar a los hombres por los senderos de la verdad y la justicia. A medida que pasa el tiempo se olvidan sus enseñanzas, y la humanidad vuelve a cometer errores y pecados hasta que aparece un nuevo Buda para predicar la ley.

Los cinco discípulos permanecieron con Gautama, le servían como a un maestro y cada día esperaban que les dijera que había encontrado la sabiduría suprema. Pero Gautama todavía no veía la verdad a pesar de que la buscaba por todos los medios. Durante seis largos años continuó sometiéndose a ayunos y penitencias hasta que su cuerpo estuvo tan deteriorado que nadie que lo hubiera visto reconocería al noble príncipe Siddharta. Pero su fama de hombre santo se propagó por el extranjero como el sonido de una gran campana colgada en el cielo, tal y como nos dicen las antiguas historias.

Cada cierto tiempo, el rey Suddhodana enviaba mensajeros para que le trajeran noticias sobre su hijo. Cuando supo que Siddharta se había convertido casi en una sombra por los ayunos y penitencias se angustió mucho. Yasodhara lloraba con amargura, ya que todavía amaba a su marido profundamente y nunca había dejado de llorar por él desde el día en que despertó y se dio cuenta de que se había marchado. Desde entonces se negaba a usar sus joyas y a adornarse con flores. Quería sentir los sufrimientos de su marido: rechazaba los lujos, dormía en un asiento duro y comía solo una vez al día.

Los ayunos y penitencias de Siddharta no le trajeron paz, y después de seis años sentía que no estaba más cerca de su meta. Un día, mientras caminaba en el bosque sumergido en sus pensamientos, estaba tan débil que cayó al suelo como un muerto. Cuando las noticias de que su hijo había muerto llegaron al rey, este no podía creerlo. «Sé que se convertirá en un Buda antes de que muera», dijo el rey.

Cuando Gautama volvió en sí, comenzó a comprender que su vida de penitencia había sido un error, y que aún no se encontraba en el camino que lo llevaría a la verdad y la sabiduría. Entonces, se alimentó de nuevo y poco a poco recuperó su fuerza. Sin embargo, los cinco discípulos pensaban que nadie que comiera como un hombre normal alcanzaría la santidad, así que partieron y abandonaron a Gautama para que continuara con la lucha sin ayuda ni compasión. «Nunca se convertirá en un Buda», dijeron. Tomaron sus cuencos para pedir limosna y partieron hacia Benarés.

A pesar de que Gautama lo intentó muchas veces, no estaba desanimado. Solo los hombres realmente grandes son capaces de conseguir el objetivo que se proponen, incluso después de años de fracaso. Los hombres más débiles culparán a las condiciones y dirán que algo es imposible de realizar; pero los grandes hombres permanecerán firmes mientras haya vida en ellos.

Capítulo VI
El Día de la Iluminación

E N LOS ALREDEDORES de las selvas de Uruvela había un pequeño pueblo llamado Senani. Era un agradable lugar ubicado en las orillas del río Neranjara, a la sombra de los altos *salas*[1]. El jefe de este pueblo tenía una hija llamada Sujata. Cuando Sujata tuvo la edad suficiente para casarse, ella, que era una devota hindú, le rogó al dios de un determinado árbol que le diera un buen marido, y que el primer hijo que le concediera fuera un niño. Con el transcurso del tiempo, Sujata se casó con un hombre de su mismo pueblo que poseía muchos rebaños, y su primer hijo fue un niño. Muy agradecida, recordó la promesa que le había hecho al dios del árbol y se preparó para realizar su ofrenda el día de luna llena en el mes de mayo.

Sujata se levantó muy temprano en la mañana, ordeñó las mejores vacas del ganado, tomó la mejor leche e hirvió un poco de arroz fino en ella. Una vez cocinada y endulzada la leche de arroz con el mayor cuidado, la vertió en un recipiente de oro de incalculable valor, adecuado para una ofrenda a un dios. Luego, Sujata se vistió con sus más finas vestimentas y joyas, y llevando el recipiente sobre su cabeza, salió para realizar su ofrenda. Mientras se acercaba al árbol que ella pensaba era la morada del dios, vio la silueta de un hombre sentado bajo su sombra. Parecía tan magnífico y a la vez tan amable, rodeado de un resplandeciente halo en la luz dorada de la mañana, que Sujata pensó que era el dios que había respondido a sus plegarias. Humildemente, le ofreció el recipiente de oro que contenía la leche de arroz y siguió su camino.

El hombre, que era en realidad Gautama, recibió agradecido la comida —que tanto necesitaba—, llevó el recipiente a las orillas del Neranjara, se introdujo en el río y tomó un baño; luego, se puso su túnica amarilla de mendigo y se sentó a comer su alimento. Durante el calor del día, Gautama deambulaba por las orillas del río bajo la sombra de los *salas*, con su mente absorta en alcanzar el ideal que aún era incapaz de lograr. Había estado tentado muchas veces a abandonar la lucha. Los recuerdos de su hogar, de su mujer, a la que no había visto en seis años, de su hijo, que acababa de nacer cuando Gautama partió, de su padre, que tanto lo amaba y se encontraba ahora en una edad avanzada, y, quizás, de la comida y el bienestar de su vida en casa, eran visiones que pasaban delante de sus ojos y lo llenaban de desasosiego. ¿Cuál era el sentido de seguir con la lucha por la sabiduría que no podía alcanzar? Una y otra vez, Gautama había peleado intensamente contra la tentación, contra los malos pensamientos incitados por el gran tentador Mara. A veces, tenía la seguridad de que pronto la luz brillaría; pero de nuevo la obscuridad y la desesperación se apoderaban de su mente.

No lejos de las orillas del río Neranjara había un *Ficus religiosa*, un tipo de higuera silvestre. La tarde del día en que había recibido la ofrenda de Sujata, Gautama caminó hasta este árbol enteramente decidido: sentado con las piernas cruzadas, con la espalda apoyada en el tronco del árbol y su rostro mirando hacia el este, decidió que no se movería del sitio hasta que su mente hubiese alcanzado la sabiduría suprema; no se movería aunque su piel se volviera reseca y cada gota de sangre de su cuerpo se secara.

Mara, el espíritu del mal, sabía que si no podía vencer a Gautama antes de que se convirtiera en Buda, perdería para siempre sus poderes. Las tentaciones con las que asediaba al Santo eran tan intensas que las antiguas leyendas han ilustrado un ataque real y visible. Estas nos dicen que Mara, al saber que tenía poco tiempo, llamó a sus servidores para que se armaran, y las legiones del infierno, incitadas por los gritos de guerra de Satanás, se dispusieron para la batalla. Se extendieron a lo largo de muchas leguas sobre la tierra y, al cubrir las estrellas del cielo, la oscuridad se volvió impenetrable. Un sonido de trueno rasgó el aire, y la tierra se sacudió y tembló como si se hubieran liberado los poderes del demonio. Cual torbellino, su fuerza era tan elevada que los árboles fueron arrancados, las montañas se partieron en dos y los ríos retrocedieron hasta sus nacimientos. Miles de ángeles, que habían venido a ayudar al Santo, huyeron volando más allá de los límites de la tierra,

incapaces de hacer frente al ejército de Mara. Gautama miró a su alrededor, hacia la derecha y hacia la izquierda, y vio que estaba solo. No había nada que lo ayudara, solo su mente impertérrita y su poder de santidad. Sin embargo, el poder que había dentro de él era tan fuerte que las mortales flechas de los guerreros de Satanás cayeron inofensivas como hojas de otoño. Luego, Mara instó a sus demonios a que despedazasen al futuro Buda miembro por miembro; pero su furia fue en vano y no pudieron lastimarlo. Cuando Mara vio que sus poderes no dañaban corporalmente a Gautama, intentó estremecerlo con todos los miedos que asustan al ser humano. Por todos lados brotaron llamas, y columnas de ardiente vapor se elevaron hasta que llegaron al cielo. Los demonios aparecieron bajo terribles y repulsivas formas que asustarían a cualquier hombre corriente. Pero a pesar de que todos los poderes del infierno se propagaban alrededor de él, el Santo permaneció sentado indiferente, el evento más extraño y maravilloso que jamás haya sido visto. Cuando la noche estaba avanzada, Mara declaró su derrota: «Verdaderamente —dijo—, en todo el mundo no hay ningún hombre como Siddhartha, el hijo de Suddhodana», y cuando se acercaba el amanecer, los servidores de Satanás desaparecieron y dejaron solo a Gautama.

En el mundo de los espíritus, los ángeles, arcángeles y todas las criaturas aladas se alegraron por la victoria obtenida, y fueron a honrar, por haber vencido los poderes del demonio, a «Jina», 'el victorioso', al que Mara y sus servidores no habían podido vencer. Una lluvia de flores celestiales cayó sobre la tierra mientras que lirios y flores de loto florecieron, incluso de las rocas secas.

Gautama permaneció sentado bajo el *Ficus religiosa*, y antes de que cayera la noche, vino a él la paz que los budistas llaman «Nirvana».

· · · · · ·

Como un hombre que sale de una oscura prisión hacia la gloriosa luz y cada objeto aparece claro y certero, la mente del completamente iluminado Buda pasa a la zona donde toda la verdad se vuelve clara y todos los secretos de la vida y la muerte se revelan a la luz de la suprema sabiduría.

Para Gautama, la vida de Buda parecía ya no estar llena de oscuros misterios y contradicciones, ya que había percibido que el universo estaba gobernado por invariables leyes de verdad y justicia, y que el Poder que permitía la rectitud regulaba todo de forma ordenada. Esta ley, la *Dharma*, como la llaman los budistas, se resume en la teoría de causa y efecto. Esta simple teoría es, no obstante, la base del método de Buda. Nada sucede por casualidad o por accidente: cada suceso está causado por otro suceso que ocurrió antes, y, de la misma manera, cada acontecimiento provocará otro acontecimiento. Vemos que esto es verdad en el mundo de la naturaleza; todo lo que ocurre en él está regulado por leyes fijas e invariables. Estas mismas leyes de Buda se aplican a las cuestiones de la mente y a las acciones morales. Cada pensamiento, cada acción, trae consigo su propia e inevitable consecuencia. Algo bueno debe traer algo bueno, y lo malo trae consigo algo malo. De este modo, el fruto de las acciones de nuestra vida actual se convertirá en la semilla de nuestras vidas futuras. Los budistas creen que la parte de un hombre que sobrevive a la muerte volverá a nacer como un ser que heredará la consecuencia de sus acciones, es decir, el carácter que se ha creado a través de sus acciones. Nuestro carácter no se forma durante nuestras vidas actuales, sino que es la acumulación de las consecuencias de muchas vidas anteriores. Si no aprovechamos correctamente nuestras oportunidades de hacer el bien y llevamos una vida de pecado, nuestro sufrimiento se multiplicará en las innumerables vidas futuras.

Buda observó todo esto con la mente clara, y también la causa de la tristeza y la manera de terminar con ella. Dijo que la tristeza viene de la maldad, de la ignorancia que esconde de nosotros los verdaderos valores de la vida y nos hace aferrarnos a las cosas que desaparecerán. Todo lo visible cambia constantemente, se deteriora, se renueva y se vuelve a deteriorar. En este mundo no hay nada fijo, nada, ni por una fracción de segundo. Desde el momento en que nacemos, nuestro cuerpo, nuestra mente y todos nuestros poderes comienzan a crecer y a cambiar; de esta manera, no podemos jamás ser exactamente de la misma forma durante dos minutos. La misma ley del cambio afecta tanto a plantas, a animales y a todo el suelo que pisamos. Incluso la forma del país donde vivimos está cambiando cada día, de forma lenta pero segura. En algunos lugares, el mar está rompiendo riscos y está avanzando por la tierra centímetro a centímetro; en otros, la tierra está recuperando las arenosas llanuras desde donde el mar está retrocediendo.

Probablemente, a menudo habéis mirado las nubes en un día con mucho viento e imaginasteis sus formas como si fueran montañas y valles, torres y cumbres, o como enormes bestias. Mirad nuevamente unos minutos después y veréis que todo habrá cambiado: las cumbres pueden ser árboles; el castillo, un gran pájaro con amplias alas extendidas; y el gran monstruo, una nube de humo. Siempre que miréis las nubes, estarán adoptando nuevas formas; la escena completa estará cambiando, y dentro de poco la imagen se habrá desvanecido y esfumado completamente de vuestra imaginación. El mundo y todos los objetos visibles siempre están en un estado de creación o conversión, nunca estarán finalizados o estacionarios.

El cristianismo nos ha dicho que no existe la perfecta felicidad en la vida terrenal. Del mismo modo, el Buda enseñó que solo se alcanzará el perfecto estado cuando se termine el período de nuestras vidas terrenales. Cuando un hombre muere y deja una deuda de impunes pecados, nacerá de nuevo, como los budistas creen, para continuar trabajando por su salvación. Podrá volver a nacer como un espíritu en el cielo o en el infierno para recibir la recompensa por sus acciones, y otra vez nacerá en el mundo para terminar su camino. Los budistas ven el cielo y el infierno como lugares de felicidad y sufrimiento temporales. Solo cuando un ser ha sido purificado —después de innumerables vidas— de todo pecado y ansias terrenales, disfrutará de la paz eterna del Nirvana.

Se debe considerar el Nirvana más como un estado de la mente que como lugar físico. Nos dicen: «El Reino de Dios está en vosotros», y del mismo modo, el Nirvana es el logro de la perfecta paz en el corazón. Buda y unos pocos grandes santos disfrutaron de la paz del Nirvana mientras vivieron. Gautama dijo a sus seguidores muy poco acerca de este otro mundo. No dio descripciones de las maravillosas ciudades donde los honestos disfrutarán de todos los placeres que anhelaban en su vida terrenal. Solo les dijo que en el Nirvana todos los sufrimientos cesarán, todas las tormentas de las pasiones del ser humano se calmarán, y los fuegos del odio y los malos pensamientos se extinguirán. A menudo, los budistas dicen que el Nirvana es la «otra orilla». Cuando el viajero, cansado por la lucha contra el viento y las olas del inquieto mar de la vida humana, alcanza finalmente la «otra orilla», experimentará una inmensurable calma, una Paz que sobrepasa todo entendimiento, eterna, invariable.

Capítulo VII
Los Primeros Discípulos

El *Ficus religiosa* bajo el cual Gautama estaba sentado cuando la sabiduría celestial iluminó su mente se ha conocido desde siempre como el sagrado Árbol de Bo o Árbol de la Sabiduría. Durante cientos de años este continuó floreciendo, e innumerables peregrinos han visitado el lugar donde el gran Maestro alcanzó por primera vez el conocimiento de la verdad.

Gautama vio todo como realmente es. Pocos de nosotros podemos hacerlo porque nuestro entendimiento es torpe, y solo aquellos de mente brillante llegan a ver las profundas verdades de la vida y la eternidad.

Parecía que Gautama no estaba dispuesto a dejar el lugar donde había encontrado la tranquilidad y la paz después de esos agotadores seis años durante los que estuvo buscando la Verdad. Se dice que en el tiempo de cuarenta y nueve días permaneció en las cercanías del Árbol de Bo, meditando sobre la Paz del Nirvana y el estilo de vida que lleva a la liberación del pecado y la tristeza.

Sin embargo, el Buda se enfrentaba a la duda de si debía enseñar a la humanidad esta nueva doctrina. La verdad, como él la vio, parecería demasiado simple y lógica para las personas que creían que los hechizos, los sacrificios y las ceremonias sacerdotales podían liberar de los pecados. Pero en este sentido la fe del Buda se diferenciaba de la de los hindúes: su fe enseñaba que ninguna de estas cosas influye en el destino del hombre. Los pecados no se pueden perdonar recurriendo al dinero, el hombre no puede interferir en la gran ley natural de causa y efecto. Por consiguiente, el Buda consideraba la conducta moral como lo más importante. Las ofrendas a Brahma o Vishnu, el dinero que se paga a los sacerdotes para calmar a los enojados dioses, los ayunos y penitencias…; ninguna de estas cosas importaba. Sin embargo, decir la verdad, contener las pasiones malvadas, ser bondadosos con los otros…; estas eran las cosas que predicaba la nueva doctrina, la Dharma. Hacer el bien atrae el bien, y la suma total de la bondad puede aumentar a través de las innumerables vidas venideras.

Gautama, que conocía bien la naturaleza humana, dudaba si la humanidad podría llegar a creer en una religión de la que se había enseñado o mostrado poco. Es más fácil realizar una ofrenda o recitar plegarias que mantener un mal carácter bajo control. Además, es difícil para el hombre darse cuenta de la naturaleza fugaz de las cosas terrenales. «*¿Cómo —pensó el Buda— alguien que está decidido a disfrutar de los placeres de esta vida, que acumula riquezas para sí, se convencerá de que el mundo es como la espuma, que incluso ahora se está desvaneciendo, que los días de la vida del hombre son como ríos que fluyen rápidamente y que nada dura salvo la rectitud que lleva a la Paz eterna?*». Así que el Buda pensó para sí, indeciso entre guardar para él solo la sabiduría que había adquirido o difundirla entre los hombres. Pero al final predominó su gran amor por todo ser vivo, y decidió predicar la doctrina de salvación para la humanidad. «*Sin duda —pensó—, habrá algunos que escucharán*».

Gautama pensaba que sus antiguos maestros, Alara y Udaka, debían ser los primeros en escuchar las buenas nuevas; pero cuando supo que los dos habían muerto, se decidió a partir a Benarés en busca de los cinco discípulos que habían vivido con él en las selvas de Uruvela. El Buda tomó su cuenco limosnero y fue de pueblo en pueblo hasta que llegó cerca de la ciudad de Benarés, que se extiende a lo largo de las orillas del río Ganges. En un hermoso bosque conocido como el Parque de los Ciervos, a unos cinco kilómetros de la ciudad, Gautama encontró a sus antiguos discípulos; sin embargo, cuando lo vieron acercarse, se dijeron unos a otros: «Aquí viene el que abandonó la única vía que lleva a la santidad, que renunció al ayuno y a la penitencia, y comió y bebió como un hombre común: no lo respetaremos». De esta forma, trataron a Gautama con frialdad, casi groseramente. Pero él, que ya no tenía dudas en su mente y que estaba totalmente seguro de que era digno de ser un maestro para la humanidad, les explicó que se había convertido en un Buda y que, por lo tanto, merecía el mayor respeto de su parte. Cuando la luz del día se estaba desvaneciendo y la brisa de la tarde agitaba los grandes árboles del bosque, Gautama se sentó y predicó su primer sermón. Mientras las palabras fluían de sus labios, un estremecimiento de júbilo atravesó toda la naturaleza: las flores desprendieron sus más dulces aromas, los ríos murmuraron suaves melodías, las estrellas brillaron con una inusual luminosidad y en el aire hubo un sonido de ráfaga cuando miles de ángeles vinieron a escuchar el mensaje de salvación. Entonces, los cinco discípulos se inclinaron ante Gautama y lo reconocieron como el Sagrado, el Buda. El maestro continuó hablando largo rato en la quietud de esa noche en la India, hace 2500 años, y las palabras que pronunció han sido desde ese entonces atesoradas en el corazón de aquellos que llegan al camino de la Paz.

Fundar el Reino de los Justos; eso era lo que el Buda había venido a hacer. Luego, explicó el significado de Las Cuatro Nobles Verdades, las que todos sus seguidores debían saber y entender. Las Cuatro Verdades son:

1. La Verdad de que habrá tristeza y sufrimiento mientras exista el mundo.

2. La Verdad de la causa del sufrimiento: aferrarse a las efímeras cosas terrenales.

3. La Verdad del cese del sufrimiento: la victoria sobre sí mismo y todas las malvadas pasiones.

4. La Verdad del camino que lleva a la liberación del sufrimiento, es decir, el estilo de vida que deben seguir todos los verdaderos budistas. Este camino, que lleva a la liberación del sufrimiento, el Buda lo llamó El Noble Óctuple Sendero, ya que consta de ocho principios rectores que deben ser respetados por todos. Estos eran los siguientes:

5.

    1. correcta creencia;

    2. objetivos elevados;

    3. discurso amable;

4. comportamiento íntegro;
5. profesión honrada en la vida;
6. perseverancia en la bondad;
7. adecuado uso del intelecto;
8. correcta meditación.

El que realmente respeta estos principios de la manera transmitida por el gran Maestro llevará una vida noble y dará un ejemplo noble a sus semejantes. El Buda también llamó a este «camino» el Camino Medio ya que, como él explicó, se encuentra a medio camino entre los dos extremos: la falta de moderación y el método de ayuno y penitencia practicado por los santos hindúes. Debemos guiarnos por la razón y el sentido común, y, como el Buda enseñó, la falta de moderación no es adecuada, ya que nuestro cuerpo se vuelve nuestro amo y no tenemos control sobre nuestro apetito. Es igualmente incorrecto negarnos las necesidades vitales dañar o debilitar nuestros cuerpos.

La doctrina que predicaba el Buda a sus seguidores no era fácil, ya que no hay nada más difícil que practicar el perfecto autocontrol, y nadie podía ser un verdadero discípulo de Gautama si no aprendía previamente esta lección. Puede que nos sorprenda oír la cantidad de personas que fueron atraídas por los sermones del Buda; pero la Verdad tiene un gran poder, y donde hay verdadera bondad y un verdadero deseo de hacer lo correcto debe haber Verdad, aunque no sea exactamente la misma visión de la Verdad que nos hemos enseñado.

Uno de los primeros en convertirse a la doctrina del Buda fue un joven hombre llamado Yasa. Este poseía mucha riqueza, pero dejó todo lo que tenía y se convirtió en un mendigo como el gran Maestro. No debéis creer que para ser un verdadero discípulo de Gautama era necesario renunciar al mundo: era perfectamente posible seguir las enseñanzas del Buda y continuar viviendo en él. De hecho, muchos de los grandes amigos de Gautama eran ciudadanos comunes, o cabezas de familia, como se les llamaban. Pasó lo mismo con el cristianismo quinientos años más tarde: todos los que siguieron los mandamientos de Cristo eran sus seguidores; pero algunos fueron especialmente escogidos para la vida santa y se les ordenó abandonar sus hogares y despojarse de todos sus bienes.

Gautama permaneció un tiempo en el Parque de los Ciervos en Benarés predicando la Ley a todo aquel que fuera a escucharlo, no como los brahmanes, que solo privilegiaban a algunas personas, sino igualmente a ricos y pobres, viejos y jóvenes, hombres y mujeres. Después de tres meses, cuando sus discípulos eran sesenta, los llamó, y de este modo se dirigió a ellos: «Queridos *bhikkhus*[1], tenemos una gran tarea que cumplir: la de trabajar para la salvación de los hombres y los ángeles, y mostrarles el camino hacia la liberación. Nos separaremos, y cada uno tomara un camino diferente para que de esta manera dos personas no sigan la misma dirección. Predicarán la doctrina a todos los hombres y anunciarán las Verdades que yo os he enseñado. Yo iré al pueblo de Senani, ubicado en los confines de las selvas de Uruvela». Entonces, Gautama volvió a la soledad que tanto conocía, y allí, en la selva, conoció a tres hermanos llamados Kassapa, que eran devotos del dios hindú del fuego. Eran considerados como hombres muy santos y, en un principio, pensaban que eran muy superiores a Gautama en sabiduría y conocimiento; sin embargo, poco a poco se fueron convenciendo de la verdad de sus palabras hasta que los tres hermanos y sus numerosos discípulos se convirtieron a la doctrina de Gautama.

Gautama, como otros grandes maestros, a menudo hablaba con parábolas y tomaba símbolos de la naturaleza para que se entendiera bien lo que quería decir. Un día, estaba sentado con algunos de sus nuevos discípulos en una gran roca conocida como la Piedra del Elefante, que ofrecía una espléndida vista sobre el gran valle de Rajagaha. Inmediatamente, un fuego surgió en la selva, y sus llamas enrojecieron el cielo con un rabioso resplandor. Los animales salvajes de la selva huyeron atemorizados cuando el fuego creció y, como un monstruo de apetito insaciable, consumía todo lo que encontraba en su camino.

Gautama, que había estado hablando de la represión de las malvadas pasiones, comparó el fuego con el deseo interior y la ansiedad que consumen a aquellos que se empeñan en atarse a los placeres mundanos. El fuego arderá mientras haya combustible que lo alimente, y los fuegos del odio y de la codicia arderán mientras nos preocupemos y nos angustiemos por los deseos terrenales. Como ejemplo, miremos al hombre que lo único que quiere es ganar dinero: nunca estará satisfecho con lo que tiene sino que siempre deseará más; nunca descansa, está consumido por la ansiedad porque teme perder su riqueza. Pero el fuego de la avaricia se consumirá en aquellos que se han despojado de todas sus posesiones; al no tener nada ni desear nada, disfrutarán de una perfecta paz. El sermón predicado por Gautama en la Piedra del Elefante fue conocido como El Sermón del Fuego. Podemos encontrarlo escrito en los libros antiguos entre la colección de los sermones predicados por el Buda a sus discípulos.

Recordaréis que, después de dejar su hogar, a la primera ciudad que entró Gautama fue Rajagaha. Allí había hablado con Bimbisara, el rey, y le había prometido que si encontraba la sabiduría que estaba buscando, regresaría y se la enseñaría. Después de haber pensado en esta promesa, Gautama dejó la selva de Uruvela y emprendió el camino a Rajagaha acompañado por un gran número de discípulos.

Un día, cuando el rey Bimbisara se encontraba en su palacio, un mensajero se mostró ante él y le dijo: «El Maestro ha venido». Entonces, el rey se puso de pie y, acompañado de muchos de sus nobles y cortesanos, fue al palmeral donde estaban el Buda y miles de sus discípulos.

Habían pasado cerca de siete años desde que el noble príncipe había entrado por las puertas de la ciudad para pedir comida. La vida como mendigo era nueva y extraña para él, y recordaréis cuán repugnante encontraba el ordinario alimento al que en aquel momento no estaba acostumbrado. Desde entonces, Gautama había aprendido muchas cosas: los seis años de penitencia en la selva de Uruvela le habían enseñado lo que era el sufrimiento y la adversidad, había conocido y resistido la tentación y, finalmente, había encontrado el camino hacia la paz y la liberación del sufrimiento. Y ahora Gautama regresaba al reino de Magadha como el Buda, el Iluminado, para cumplir la promesa que había hecho al rey.

Bimbisara era un poderoso monarca; sin embargo, cuando llegó al palmeral donde estaba sentado el Buda en medio de sus discípulos, se inclinó con respeto ante él, demostrando así que consideraba el poder y la majestuosidad de un Buda muy por encima de los poderes y las grandezas terrenales. Luego, Gautama se dirigió a la muchedumbre congregada y le explicó el significado de las Cuatro Nobles Verdades y el Noble Óctuple Sendero que lleva a la paz y la liberación. Al final del discurso, el rey Bimbisara confesó que creía en la doctrina y repitió las palabras elegidas que aún son usualmente repetidas en el momento de convertirse en un miembro del credo budista : « Me refugio en el Buda. Me refugio en la Doctrina. Me refugio en la Orden ». La « Orden » significa la hermandad de los monjes o el credo.

Antes de que Bimbisara dejara el palmeral, invitó a Gautama y a todos sus discípulos para que fueran al día siguiente a palacio para su comida matinal.

Las personas de Rajagaha estaban muy emocionadas cuando supieron que el rey se había convertido a una nueva religión, y una gran multitud se reunió para ver al Maestro y a sus muchos seguidores entrar en la ciudad en su camino a palacio. Una vez que el rey había recibido a sus invitados, rogó al Buda que aceptara un regalo. Este era un pequeño bosque agradable llamado Veluvana o El Bosque de Bambú, no lejos de las puertas de la ciudad. El rey pensaba que el palmeral estaba muy lejos, y deseaba tener al Buda cerca para que pudiera ir menudo a visitarlo. De esta forma, el bosque de bambú fue solemnemente presentado al Buda y a la Orden de monjes. Se compró una copa de oro de valor incalculable llena de agua aromatizada con el perfume de ciertas flores ; el rey vertió el agua sobre las manos del Buda y le dijo : « Que el Bendito acepte mi ofrenda ».

Gautama permaneció dos meses en el bosque de bambú, donde se le unieron los sesenta discípulos que había enviado desde Benarés. En este tiempo, dos jóvenes nobles llamados Sariputta y Mogallana abrazaron la doctrina y se convirtieron en monjes. Más tarde fueron conocidos como los discípulos de la Derecha y la Izquierda, lo que significaba que eran considerados como los dos discípulos principales de Gautama y, por tanto, muy queridos por él.

Capítulo VIII
El Rey Manda a Buscar a Su Hijo

OS PREGUNTARÉIS QUÉ sucedió en Kapilavastu durante los últimos siete años de nuestra historia. Ni el rey, ni Yasodhara ni ninguno de sus parientes había visto a Gautama desde la noche de su huida, cuando se marchó para llevar una vida como mendigo. Recordaréis la ansiedad que sentía el rey por temor a perder a su hijo, todas las precauciones que se tomaron en vano y esa fatídica noche de julio en la que el noble caballo Kantaka llevó a su amo, bajo la blanca luz de luna, más allá de los confines de la tierra de Sakya. En el palacio hubo lamentos y una tristeza amarga cuando se supo que el príncipe había huido, y el rey no había tenido noticias de su hijo hasta que Channa, el cochero, regresó después de unos días cargando las joyas del príncipe. Cada cierto tiempo, Suddhodana había enviado mensajeros para informarse sobre lo que hacía Siddharta y dónde estaba residiendo; pero fue grande el pesar del rey cuando descubrió que su hijo había cambiado tanto debido al ayuno y la penitencia que nadie podía reconocerlo. Pero un día se informó al rey Suddhodana de que su hijo se encontraba bien, que se había convertido en un Buda y que vivía en un bosque de bambú cerca de Rajagaha con muchos seguidores que se habían convertido a su doctrina. El rey se alegró enormemente y quiso ver a su hijo de nuevo. Entonces, llamó a uno de los nobles de su corte y lo envió a Rajagaha junto a miles de hombres. «Ve por mi hijo —dijo el rey—. Dile que el rey, su padre, desea verlo, y tráelo contigo».

El tiempo pasó, pero el mensajero no volvió ni envió al rey ninguna noticia de su hijo. Después de un tiempo, el rey envió a otro jefe *sakya*, también acompañado de miles de hombres, y le pidió que diera un mensaje a Siddharta. Luego, el rey esperó noticias ansiosamente. Yasodhara, que anhelaba saber de su marido, miró muchas veces desde una terraza del palacio en dirección a Rajagaha con la esperanza de poder avistar a los viajeros. Sin embargo, no había ningún rastro de ellos, ni tampoco el rey recibió ningún mensaje. Finalmente, envió a nueve nobles más, cada uno con una escolta de miles de hombres; sin embargo, de ellos tampoco se supo nada.

Más tarde, el rey pensó: «*¿En quién puedo confiar para darle mis órdenes?*», y mandó a buscar a un hombre llamado Kala Udayin, que le había servido siempre de manera fiel. Él tenía la misma edad de Siddharta, y había sido su amigo y compañero de juego. El rey le dijo: «Ninguno de los mensajeros que he enviado a por mi hijo ha regresado ni tampoco ha enviado ninguna noticia. Te ruego que vayas a buscarlo y le digas que anhelo verlo antes de que me muera. Ya estoy en una avanzada edad, y el fin de mis días no debe de estar muy lejos». Kala Udayin prometió cumplir las órdenes del rey y se marchó. Al llegar a Rajagaha, descubrió que todos los mensajeros que habían sido enviados antes que él habían abrazado la doctrina de Buda y se habían convertido en monjes, por lo que no se habían preocupado más por el mensaje del rey. Cuando Kala Udayin fue al Bosque de Bambú y se integró en la asamblea para escuchar las palabras del Maestro, también se convirtió y decidió dedicar su vida a la doctrina. Sin embargo, tuvo presente el mensaje del rey, y cuando llegó marzo y el aroma de la primavera estaba en el aire, se acercó a Gautama y le dijo lo mucho que anhelaba verlo su padre. «Y ahora —dijo Udayin— que la primavera ha llegado, que los caminos están secos y los bosques están llenos de flores, es un buen momento para emprender un viaje».

Entonces, Gautama decidió ir a visitar a su padre, así que envió un mensaje a sus seguidores para que estuvieran listos para acompañarlo, ya que los monjes llevaban una vida errante, viajando de un lugar a otro para predicar la doctrina. Como Gautama y sus discípulos viajaban a pie, el viaje les tomó tiempo, y dos meses pasaron antes de que llegaran a Kapilavastu. El rey, que los había visto aproximarse, estaba esperando a las puertas de la ciudad para dar la bienvenida a su hijo. Sus hermanos, sobrinos y algunas doncellas de la familia real lo habían acompañado, y pequeños niños llevaban flores y caminaban delante de la procesión. Más allá de las puertas de la ciudad, había un sombreado y pequeño bosque de banianos donde se habían construido chozas y refugios para el Buda y sus discípulos, ya que los monjes no deben vivir en palacios o casas lujosas. Un baniano es un tipo de higuera que crece en la India y en Sri Lanka. Alcanza una gran altura, y sus ramas se arquean hacia el suelo echando raíces y, de este modo, forman nuevos troncos. A su vez, estos producen ramas que echan raíces de la misma manera; de esta forma, con el tiempo un solo árbol puede abarcar una gran extensión de terreno. Así, un pequeño bosque de banianos, como en el que residió el Buda y sus discípulos, luce como una inmensa catedral, con muchos pilares naturales y una parte superior en forma de arco bajo la cual la intensa luz del sol se reduce a una tenue y agradable sombra.

Los sakyas siempre habían sido un pueblo orgulloso. A pesar de que los tíos de Gautama fueron a darle la bienvenida, les disgustaba ver a uno de los de su raza como un monje afeitado que mendigaba su alimento diario. Habían decidido no inclinarse ante su joven pariente, pero al ver al rey a los pies de su hijo, se sintieron obligados a honrar al Buda. Esta era la tercera vez que el rey Suddhodana se inclinaba ante su hijo: la primera vez había sido cuando el ermitaño anciano profetizó la futura grandeza de Siddharta; la segunda, cuando la sombra del yambo no se había desplazado para proteger al niño pequeño del sol abrasador; y la última, en ese momento, cuando Suddhodana vio a su hijo como un perfecto Buda y se inclinó nuevamente ante él. Pero a pesar de honrar a su hijo, el rey todavía anhelaba verlo convertido en un gran monarca, el soberano de todos los reinos de la tierra, y habló con él de los placeres y la magnificencia de su antigua vida en el hogar. El Buda respondió que las alegrías que había ganado eran mayores que las que había dejado.

Ni Suddhodana ni sus hermanos habían invitado al Buda y a sus discípulos a comer al día siguiente. De esta forma, en la mañana Gautama tomó su cuenco limosnero y entró en su ciudad natal. ¡Qué extraño debió de ser para los habitantes ver al príncipe que algún día habría llegado a gobernarlos mendigar en las calles de la capital para obtener comida! El Buda parecía muy calmado y sereno, y su rostro brillaba con una luminosidad tan espléndida que la gente se inclinaba ante él como si fuese un dios. Cuando al rey se le informó de que el príncipe Siddharta andaba mendigando por las calles, estaba tan enojado que recogió sus túnicas y, caminando a paso ligero, salió de palacio para buscar a su hijo. «¡¿Por qué avergüenzas a tu familia pidiendo limosna?!», exclamó. El Buda respondió que los de su raza siempre lo habían hecho. «Venimos de una noble dinastía de reyes y guerreros —respondió Suddhodana—, y ninguno de nuestra raza ha tenido jamás que mendigar para comer». Gautama explicó que por «los de su raza» se refería a los antiguos profetas, los primeros Budas, quienes, al no poseer nada, vivían de la caridad de los demás. Luego, Gautama pronunció el siguiente verso:

> Levántate y no pierdas el tiempo,
> ¡Sigue una vida sagrada!
> Aquel que obedece la virtud descansa en la felicidad,
> tanto en este mundo como en el siguiente.

El rey sintió cómo su corazón se ablandaba, y tomó el cuenco limosnero de su hijo y lo condujo a palacio, donde ofreció abundante comida a todos los discípulos del Buda. Probablemente, los siervos que llegaron para servir a los mendigos recordaron de manera muy diferente esta escena, siete años atrás, cuando Gautama había entrado por última vez en la casa de su padre: resplandeciente con sus túnicas reales y sus deslumbrantes joyas, el joven príncipe había conducido desde los jardines a palacio, y los súbditos, felices con la noticia del nacimiento de su hijo, habían seguido el carruaje pintado alegremente en festiva procesión. Pero, aun así, Siddharta había decidido en su corazón renunciar a todo lo que el hombre más quiere en esta vida. Esa noche había dejado su hogar, y no regresó hasta que se hubo convertido en un mendigo errante, pidiendo comida de puerta en puerta.

Cuando los monjes terminaron su comida, las mujeres de la casa real vinieron para reverenciar al Buda; sin embargo, Yasodhara no estaba entre ellas. Ella permaneció en su habitación pensando: «*Si mi señor aún se preocupa por mí, vendrá a buscarme aquí*». Gautama, al notar la ausencia de su esposa, inmediatamente se levantó y fue a la habitación de la princesa junto al rey y dos discípulos. Yasodhara, al escuchar los pasos, se levantó rápidamente para recibir a su señor; pero él ya no era el mismo que había visto la última vez: un noble príncipe en la flor de la vida, glorioso en su belleza y su estatus real, aquel que Yasodhara conocía muy bien. Sin embargo, la visión del monje rapado, vestido con burdas túnicas amarillas, fue superior a sus fuerzas, y cayó sollozando a sus pies. Luego, por primera vez se dio cuenta de cuán lejos se había ido su esposo, de cuán grande era el abismo que los separaba: la tranquilidad y la belleza de otro mundo brillaban en su rostro, y Yasodhara sintió que ahora debía compartir con todos los seres vivos el amor que un día pertenecía solo a ella.

Podemos preguntarnos qué pasó por la mente de Gautama durante el encuentro con su esposa; sin embargo, carecemos de información al respecto. Aquellos que han alcanzado la «otra orilla», la Paz del Nirvana, están fuera del alcance de las pasiones humanas, ya que, al haberse vencido a ellos mismos, no pueden ser vencidos nuevamente. Pero no hay duda de que Gautama consoló a su sufrida esposa, pues en el corazón de un Buda hay una infinita compasión y ternura, un profundo conocimiento de la debilidad y el sufrimiento humanos. Gautama no permaneció mucho tiempo en presencia de su mujer, sino que rápidamente se despidió y se fue.

Al principio, los orgullosos señores de Sakya se habían disgustado al ver a su pariente como un monje y mendigo; pero cuando supieron que el Buda predicaba una doctrina de paz y liberación, muchos se convencieron de la verdad de sus palabras. Varios de sus parientes, incluyendo su hermanastro Nanda, se convirtieron en monjes y abandonaron su estatus real. El rey Suddhodana, sin embargo, no estaba entre los primeros convertidos, pero más tarde también creería y seguiría el Camino.

Gautama tenía un joven primo llamado Ananda, y un sabio había profetizado que se convertiría en discípulo y fiel ayudante del Buda. El padre de Ananda, que temía perder a su hijo, hizo todo lo que pudo para impedir un encuentro entre los primos. Pero las precauciones fueron en vano. Un día, Ananda se encontró por casualidad con el Buda y, como muchos otros, inmediatamente sintió la influencia del gran y noble carácter del Maestro; cuando Gautama se levantó para irse, Ananda lo siguió, sin que nadie lo pudiera retener.

Quizás recordaréis a Devadatta, el malvado primo de Gautama que había tenido una actitud muy hostil hacia él cuando los dos eran niños. Él también se convirtió a la nueva doctrina y se unió a la hermandad; sin embargo, su conversión no era muy sincera, como veremos más tarde.

Entre los convertidos de Kapilavastu había un gran número de mujeres. Algunas de ellas acudieron al Buda y le suplicaron que les permitiera entrar a la Orden como monjas. Sin embargo, él no lo aprobó, y no permitió a las mujeres formar parte de la Orden hasta muchos años más tarde.

Pero Yasodhara aún lloraba la pérdida de su marido. Su amor por Siddharta le impedía ver nada más, y no podía afrontar la amarga verdad de que su marido ya solo sería un extraño para ella. Un día, Yasodhara se puso sus túnicas reales y sus joyas, y fue con sus doncellas al lugar donde Gautama iba a recibir su alimento; pensaba que, de este modo, podía atraerlo, ya que todavía tenía la inútil esperanza de que regresara con ella. Con el tiempo, sin embargo, incluso Yasodhara encontró la paz en la doctrina del Buda, y entró en la Orden como una de las monjas más fervientes.

Aproximadamente una semana después de la llegada del Buda a Kapilavastu, Yasodhara envió a su hijo para pidiera a su padre la herencia que le correspondía. Rahula, que había seguido a su padre hasta el bosque de banianos, le dijo: «Padre, algún día seré el rey de esta tierra; dame mi herencia, el tesoro del que soy heredero». Pero el Buda pensó para sí: «*Este tesoro que pide mi hijo es efímero y no trae felicidad; le daré en su lugar el séptuplo tesoro que obtuve bajo el Árbol de Bo y, de esta manera, lo haré heredero de un reino celestial*». De esta forma, dijo a Sariputta, uno de sus principales discípulos, que acogiera a Rahula en la Orden. Entonces, el joven niño entró en la Orden para iniciar su formación como monje. Cuando el rey supo que su nieto sería un monje, se afligió enormemente, y rogó al Buda que, en el futuro, fuera una norma el que un hijo pidiera permiso a su padre y a su madre antes de entrar en la Orden. Gautama aceptó hacerlo, y la norma sigue vigente hasta nuestros días. De este modo, cuando un hombre hace sus juramentos al unirse a la hermandad de los monjes, siempre se le pregunta si tiene el consentimiento de sus padres.

Varios de los que debían ocupar el trono de la tierra de Sakya se convirtieron en monjes y, por tanto, habían renunciado a todos los honores terrenales. Parece extraño y maravilloso que las enseñanzas del Buda tuvieran el poder para hacer que muchos hombres y mujeres se despojaran de todos sus lujos y sufrieran la pobreza y las adversidades en aras de tesoros celestiales del Reino de los Justos.

Gautama permaneció unos dos meses en Kapilavastu, y luego regresó con sus discípulos a Rajagaha.

Capítulo IX
Las Andanzas del Buda

CUANDO EL BUDA regresó a Rajagaha, se instaló en su morada en el bosque de bambú, el regalo del rey Bimbisara. Había varios otros agradables pequeños bosques y jardines que habían sido regalados por reyes y mercantes ricos. Sin embargo, no debéis creer que estos lugares pertenecían a Gautama: a ningún monje budista se le permite tener bienes propios, y el Buda siempre insistía en que los regalos debían hacerse para la Orden y no para él mismo. Una vez, cuando la tía y segunda madre de Gautama, Pajapati, le trajo una prenda de lana que había tejido ella misma, le rogó que se la diera a la Orden, ya que, de esta forma, lo estaría honrando tanto a él como a la hermandad.

De todos los jardines de los monasterios a los que nos hemos referido, ninguno se volvió tan famoso como Jetavana, un hermoso lugar cerca de Savatthi, la capital de Kosala. Había un rico mercante llamado Anathapindika que una vez viajó con quinientas carretas de bueyes cargadas de mercancía. Casualmente, escuchó la prédica del Buda cerca de Rajagaha y se convirtió. El gran deseo de este mercante era regalar un agradable jardín al Buda y a la Orden de los monjes, y encontró que el lugar más indicado para este propósito era el hermoso jardín del príncipe Jeta, cerca de Savatthi. Sin embargo, el príncipe se negó a vender su jardín. Entonces, el mercante le ofreció un precio más elevado, pero su oferta fue nuevamente rechazada. Finalmente, Anathapindika convenció al príncipe Jeta para que le vendiera la superficie de jardín que él pudiera cubrir con dinero —las cuadradas monedas de cobre que se utilizaban en aquella época—. El dinero fue traído en carretas de bueyes, y se colocaron las monedas una al lado de otra por todo el jardín. Luego, el mercante construyó moradas para el Buda y ochenta ancianos en aquel agradable lugar. Había chozas y celdas para dormir, y un gran salón de oración público con capacidad para un gran número de personas. Estas construcciones estaban alegremente decoradas, y el gran salón estaba adornado con figuras de patos y codornices.

Anathapindika mandó construir una casa para descansar en cada legua de camino entre Rajagaha y Savatthi; en cuanto todo estuvo listo, invitó al Buda para que viniera a recibir su regalo. Cuando llegaron las noticias de que el Buda y sus discípulos se estaban acercando a la ciudad, una gran procesión salió para recibirlos. Esta procesión estaba encabezada por el hijo del mercante y quinientos jóvenes que sostenían alegres banderas y estandartes; después, venían las dos hijas de Anathapindika con quinientas doncellas que traían jarras de agua, seguidas por la esposa del mercante y quinientas mujeres que llevaban platos de comida para los monjes; finalmente, venía Anathapindika acompañado de quinientos mercantes, todos vestidos con sus mejores vestimentas. Este alegre grupo guiaba a Gautama y sus discípulos a Jetavana, o 'jardín de Jeta', donde el mercante presentó su regalo de manera solemne. Se trajo un recipiente de oro. Anathapindika vertió agua sobre las manos del Buda y dijo: «Con el monasterio de Jetavana obsequio al bendito Buda y a la hermandad de monjes; se lo entrego a ambos, y a cualquiera que venga de aquí en adelante». Ciertamente, era un regalo noble, y el Buda mostró cuánto lo valoraba pasando muchas temporadas de lluvia en aquel hermoso jardín.

Con el buen tiempo los miembros de la hermandad se separaban y viajaban en diferentes direcciones para predicar en todos los pueblos; pero cuando las lluvias comenzaban, los discípulos se juntaban y se reunían con el Maestro en algún retiro tranquilo. Una temporada lluviosa en la India es muy diferente al clima húmedo al que estamos acostumbrados en Occidente. En la India las estaciones son más estables que las de nuestro cambiante clima: tras un largo período de buen tiempo constante, comienza la temporada lluviosa —monzón—, que dura aproximadamente tres meses. Cuando el cielo ha estado durante muchas semanas tan despejado como un lienzo en blanco, y el calor seca y abrasa como si el de un horno se tratara, llega finalmente un cambio agradecido: hay un olor a humedad en el aire, y oscuras nubes violetas que cubren el horizonte se extienden gradualmente por el cielo; incesantes relámpagos y lejanos estrépitos de truenos anuncian el aluvión inminente, hasta que las nubes descargan su fuerza sobre la tierra, y la lluvia, que cae como cascadas, continúa con breves intervalos durante semanas. A veces las lluvias causan grandes daños: los ríos se desbordan, pueblos enteros son arrasados por las inundaciones y cientos de hombres y animales se ahogan. Sin embargo, aunque a veces el monzón causa destrucción, es muy necesario para el bienestar del pueblo indio, tal como lo es la crecida del Nilo para los habitantes de Egipto. Sin suficientes precipitaciones, los cultivos se arruinarían y la gente moriría de hambre. Por esta razón, el monzón es ansiosamente esperado como el portador de fertilidad y abundancia. Para los monjes, la temporada lluviosa era un tiempo para una meditación tranquila y la formación religiosa, que corresponde en muchos aspectos con nuestra temporada de Cuaresma. Algunos de los sermones más famosos del Buda se predicaron durante las lluvias en uno u otro jardín de los monasterios donde acostumbraba retirarse.

Mucha gente piensa que el Buda pasó su vida principalmente meditando en silencio, y generalmente se le concibe sentado pasivamente bajo un árbol. Sin embargo, en realidad pocos hombres llevaban una vida más activa y ocupada que la que tenía Gautama desde el momento de su iluminación hasta el día de su muerte. Tenía veintinueve años cuando dejó su hogar en Kapilavastu. Inmediatamente después, pasó seis años buscando la Verdad, de manera que tenía treinta y cinco cuando comenzó su prédica pública. En adelante Gautama pasó su vida trabajando activamente; durante cuarenta y cinco años, de los ochenta que vivió, nunca dejó de esforzarse para difundir la doctrina que creía traería la bendición al ser humano. El Buda sentía amor y compasión por todo ser vivo, y anhelaba que todos compartieran el conocimiento de las grandes verdades que había obtenido bajo el Árbol de Bo.

La tierra ubicada entre Rajagaha y Savatthi, a ambos lados del Ganges, se conoce como la Sagrada Tierra Budista, pues el Buda, durante muchos años, venía y partía de esta tierra, predicando su doctrina de paz y liberación allá donde fuera. De hecho, hubo pocos lugares de esta zona del país que no fueron santificados por los pasos del gran Maestro.

Dondequiera que fuese, los habitantes le daban la bienvenida, y todo aquel que estuviera triste y afligido venía a él para buscar consejo y bienestar, pues, a pesar de que el Buda había logrado la Paz Suprema y se encontraba más allá del alcance de la tristeza humana, tenía gran compasión por el sufrimiento de los demás.

Fue en el quinto año de predica, mientras Gautama pasaba la temporada lluviosa en Magadha, cuando un mensajero llegó con urgencia desde Kapilavastu con noticias de que el rey Suddhodana estaba enfermo y probablemente moriría pronto. Gautama, al escuchar estas noticias, viajó a toda prisa a su antiguo hogar, donde encontró a su padre aún con vida. El rey, ahora con noventa y siete años, anhelaba la presencia de su hijo ya que sentía que su final estaba cerca. En el pasado, Suddhodana había sufrido porque su hijo se había negado a gobernar un reino terrenal y, en cambio, había elegido crear el Reino de los Justos. Él hubiera dado todo lo que tenía por ver a Gautama convertido en un poderoso monarca, en vez de en un rapado mendigo que llevaba una vida de pobreza y adversidad. Pero con el tiempo, Suddhodana comprendió las nobles verdades que su hijo difundía por medio de sus enseñanzas, y también entró en el sendero de la Paz. Pocos días después de la llegada de Gautama a Kapilavastu, el rey murió. Los hindúes poseen la costumbre de incinerar a sus muertos, así que se hizo una gran hoguera para la cremación del cuerpo del rey. Cuando todas las ceremonias se habían llevado a cabo adecuadamente, el Buda se marchó y volvió a la tierra de Magadha.

Un día, no mucho después de estos acontecimientos, la viuda del rey llegó a Magadha y rogó hablar con el Buda. Recordaréis que Pajapati era la tía de Gautama, la que, cuando su madre murió, lo había cuidado como si fuera su propio hijo. Cuando el Buda visitó por primera vez Kapilavastu, Pajapati y otras mujeres sakyas le habían rogado que les permitiera convertirse en monjas. Estaban dispuestas a despojarse de todas sus riquezas, usar las túnicas amarillas y llevar la misma vida que los monjes. Sin embargo, el Buda se había negado a admitirlas en la Orden. «Esforzaos para alcanzar la perfección en vuestros hogares —dijo—, vestidas con las túnicas blancas que usan las mujeres, y no aspiréis a las túnicas amarillas de los monjes. Llevad vidas puras y virtuosas y, de esta manera, encontraréis paz y felicidad».

Después de la muerte del rey, Pajapati y muchas mujeres de Sakya, entre las que estaba Yasodhara, decidieron que le suplicarían una vez más para que las aceptaran en la Orden. De esta forma, se cortaron sus largos cabellos, se pusieron burdas túnicas amarillas y partieron caminando hacia Magadha, donde el Buda vivía. Llegaron cansadas por el viaje con sus vestimentas convertidas en harapos, pues el camino era duro, y parte de este atravesaba la selva. Pero cuando se le permitió a la reina ver al Buda y repitió su petición, recibió la misma respuesta que antes. Entonces, salió y se sentó afligida a la entrada de la casa. Ahí la encontró el primo de Gautama, Ananda, y le preguntó la razón de su tristeza. Ananda, que era muy compasivo, decidió hablar con su primo —que tanto lo amaba— y le suplicó que atendiera los ruegos de la reina. El Buda finalmente cedió, y aceptó, aunque de mala gana, que las mujeres pudiesen ingresar en la Orden. Luego, muy alegres, estas valientes mujeres renunciaron a todo lujo y bienestar a los que habían estado acostumbradas, y como los monjes, llevaron vidas simples y abnegadas. De esta forma se fundó la hermandad femenina budista. Muchas mujeres, a las que el sufrimiento del mundo había enseñado que la felicidad no es sino algo efímero, encontraron refugio en la comunidad de las mujeres. Entre las que aprendieron esta dura lección estaba Kisagotami, una oriunda de la ciudad de Savatthi. Su historia se conoce generalmente como la «Parábola de la semilla de mostaza».

En la India las mujeres se casan muy jóvenes, y Kisagotami era poco más que una niña cuando tuvo que afrontar la prueba más amarga que puede superar una mujer: su bebé, la alegría de su vida, enfermó y murió. Tan consternada estaba la pobre madre, que no creía que su hijo hubiera muerto, y llevándolo en su cadera, como siempre transportan a sus bebés las mujeres de la India, fue a hablar con sus amigos para pedirles que le dieran algún medicamento para su niño. Sin embargo, estos la miraban con asombro y le decían que el medicamento no serviría de nada. Entonces, Kisagotami fue de casa en casa, repitiendo su petición. Finalmente, un monje que la vio sintió compasión por la pobre muchacha y la convenció para que pidiera consejo al Buda. Kisagotami, que aún cargaba a su bebe muerto, fue al jardín donde el Buda residía —el jardín de Jeta— y, después de inclinarse ante sus pies, le preguntó si podía darle algún medicamento que curara a su hijo. «Debes traerme algunas semillas de mostaza —respondió el Buda—; pero es necesario que sea de un hogar en donde ni un padre, ni un hijo ni ningún pariente o sirviente haya muerto».

Kisagotami, que todavía cargaba a su hijo, comenzó esperanzada la búsqueda de la preciada semilla de mostaza. Sin embargo, en una casa le dijeron que el dueño había muerto; en otra, que habían perdido a un hijo; en otras, que un siervo o algún miembro de la familia había muerto... La pobre muchacha no podía encontrar ninguna casa que no hubiera sido visitada por la muerte. Finalmente, comenzó a entender la verdad que el Buda intentaba enseñarle: la sombra de la muerte está en todas partes, y no hay nadie en este mundo que pueda escapar del sufrimiento y la pérdida. Entonces, Kisagotami dejó a su hijo muerto en un bosque y regresó junto al Buda. «Maestro —dijo—, no he traído la semilla de mostaza porque la muerte está presente por doquier, y no puedo encontrar ninguna casa donde no se conozca la muerte». De esta forma, el Buda consoló a la pobre madre y le enseñó la verdad del sufrimiento. Siempre es así: la felicidad del hombre está basada en sus seres queridos, su riqueza, sus rebaños..., hasta que, de repente, como un diluvio en la noche, la muerte viene y golpea a todos. No era la primera vez que Kisagotami perdía a un hijo. Muchas veces antes, en sus vidas anteriores, había sufrido el duro pesar de separarse de aquellos a los que amaba. Ya había sufrido la misma tristeza muchas veces. Kisagotami comprendió que solamente en la Paz del Nirvana se podía vencer a la muerte, y le rogó al Buda que la recibiera en la hermandad. De esta manera, entró en el sendero de la Paz. «Este camino es recto, nos lleva a otro mundo, y es el único camino que nos lleva a la pureza».

Capítulo X
La Hermandad de los Monjes

L A ORDEN BUDISTA de los monjes es la hermandad religiosa más antigua del mundo. Fue fundada por el Buda hace 2500 años y continúa existiendo en la actualidad. Hay una gran diferencia entre los monjes budistas ylos de las órdenes cristianas: los votos que hace un budista al entrar en la hermandad no lo atan de por vida. Si un hombre encuentra que no está hecho para ser monje, puede dejar su monasterio en cualquier momento y regresar al mundo. Sin embargo, se considera una gran deshonra que alguien sea expulsado por infringir alguna de las reglas de la Orden. Muchos pronuncian los votos para pocos meses o por un corto período, especialmente durante la temporada de Cuaresma, y en algunos países budistas hay pocos hombres que no hayan sido monjes en alguna etapa de su vida.

El objetivo del budista, al volverse un monje, es liberar su mente de los deseos terrenales y alcanzar la calma que se obtiene al ver las cosas como realmente son y comprender su verdadero valor. El Buda enseñó que nadie puede entrar en el sendero —cuya meta final es la Paz del Nirvana— hasta que deje de anhelar los placeres y las pasiones terrenales. Muy pocos pueden hacerlo sin renunciar al mundo y sin llevar una vida de mendigo. Al raparse la cabeza y al ponerse las togas amarillas, un hombre se separa del mundo, y la corriente que es su vida sigue un nuevo camino. La disciplina externa no tiene valor para ellos. El Buda nos dice: «No es la falta de higiene, ni el ayuno ni dormir sobre el propio suelo lo que vuelve puro a un hombre». Llevar a cabo todo esto no sirve para redimirse de los pecados cometidos. El hindú piensa que puede eludir los castigos por sus pecados al ofrecer sacrificios a los dioses; pero el discípulo del Buda cree que nada puede interferir en la Ley universal de causa y efecto. El sufrimiento es, de alguna manera, el resultado inevitable del pecado: sin duda, el dolor sigue a una mala acción de la misma forma en que «la rueda sigue a las pisadas del buey que tira de la carreta». Nada puede liberar a un hombre del castigo por sus pecados. «Ni en el cielo, ni en medio del mar ni en las hendiduras de las montañas se conoce un lugar donde el hombre se pueda librar de una mala acción». Tarde o temprano el castigo lo alcanzará, ya sea en el presente, en alguna futura vida o en el infierno. Los budistas, sin embargo, creen que ningún castigo es eterno, y cuando un ser ha pagado la justa deuda por sus malas obras, puede aún trabajar para alcanzar la salvación. Además, es a esta tarea, el alcanzar la salvación, a la que el monje debe dedicarse una vez que ha renunciado a todas las comodidades y los placeres de la vida.

La ceremonia de admisión en la hermandad budista es muy solemne e impresionante. Fue establecida en tiempos remotos, y se ha mantenido casi sin cambios durante los últimos dos mil años. El candidato que está a punto de ser recibido en la Orden debe presentarse ante una asamblea de al menos diez monjes, que decidirán si es alguien digno de ser admitido. La ceremonia de ordenación generalmente se celebra en un salón público, cuyo techo está sostenido por pilares. En un extremo del salón se sienta el más anciano de los monjes; los otros se sientan en alfombras con las piernas cruzadas, en dos filas a lo largo del salón. Entonces, el aspirante a monje, que usa su vestimenta ordinaria y que lleva las túnicas amarillas en el brazo, camina hacia el anciano, se arrodilla ante él y le ruega tres veces que lo reciba en la Hermandad. Luego, se retira para ponerse por primera vez la túnica amarilla. Cuando el aspirante regresa vestido como un monje, se arrodilla y repite la fórmula conocida como los «Tres Refugios»:

«Me refugio en el Buda. Me refugio en la Doctrina. Me refugio en la Orden».

La oración se repite tres veces; luego, el nuevo monje jura respetar los Diez Preceptos o Mandamientos, y los repite cada uno por separado.

«Prometo no quitar ninguna vida». Este es el primer precepto. Un buen budista no matará ni hará daño a ningún ser vivo, ya que el Buda dijo: «Aquel que, buscando su propia felicidad, castiga o mata seres que también anhelan ser felices no encontrará la felicidad después de la muerte». El segundo precepto prohíbe cualquier tipo de robo; el tercero ordena llevar una vida pura; el cuarto prohíbe las mentiras o cualquier tipo de falsedad(leemos en la colección de versículos: «No permitas que nadie diga falsedades a otro en el salón de la justicia. Hay que evitar toda mentira»); el quinto precepto condena el uso de bebidas alcohólicas pues llevan al hombre al pecado: «Mediante la intoxicación los necios cometen pecados y hacen que otras personas se intoxiquen».

Todos los budistas deben cumplir estos cinco preceptos, sean seglares o monjes; los cinco restantes se refieren específicamente a los monjes, y ordenan: no comer en horas prohibidas; no asistir al teatro ni a ningún espectáculo; no usar adornos; no dormir en camas blandas; y no recibir oro ni plata, ya que a ningún monje se le permite tener posesiones.

Después de repetir los diez preceptos, termina la ceremonia de ordenación y el nuevo candidato se convierte en un novicio o iniciado. No puede ser ordenado monje sino hasta que tenga unos veinte años de edad.

El novicio, al iniciar su nueva vida, se convierte en el pupilo de un monje mayor, quien se comporta como lo haría un padre con su hijo. El novicio, por su parte, asiste en las necesidades diarias a su padre espiritual. Es su deber levantarse antes del amanecer, limpiar la casa y barrer alrededor del árbol de bo que está plantado cerca de cada monasterio en memoria al sagrado Árbol de Bo bajo el que Gautama obtuvo la iluminación. Cuando estos deberes están listos, y ya ha ido a buscar el agua para consumo diario y la ha filtrado, el novicio se sienta a meditar. Por meditación nos referimos a concentrarse en un tema determinado, dejando de lado cualquier otro pensamiento. La meditación sobre temas sagrados es la forma de oración que se practica en la religión del Buda.

A los monjes se les permite solo una comida diaria, que se debe ingerir entre el amanecer y el mediodía. De esta forma, mientras aún es muy temprano, el discípulo sigue a su maestro hasta al poblado para solicitar la limosna diaria. En silencio, los monjes se detienen en las puertas de las casas con sus cuencos limosneros, ya que no pueden pedir nada, e, igual de silenciosos, siguen caminando sin molestarse con aquellos que no les dan nada. Las personas de los países budistas aman y honran a los monjes, y consideran un privilegio entregarles alimento. Incluso el más pobre reserva una pequeña porción de arroz o una pequeña fruta, preparándose así para la visita diaria de los monjes. Pero solo se les debe dar comida o lo realmente necesario para la vida, pues a ningún monje se le permite tener dinero; de hecho, sus posesiones se reducen a ocho artículos que se consideran necesarios: un cuenco limosnero, una cuchilla de afeitar, una aguja, un colador de agua, tres túnicas y una faja. Las tres túnicas son las túnicas amarillas de mendigo que ya hemos mencionado. Estas consisten en tres gruesas prendas de tela de algodón, teñidas de un color naranjo opaco; dos de estas prendas se usan como ropa interior, y la tercera se usa como una toga romana, con un extremo sobre el hombro izquierdo, dejando el brazo derecho libre.

Los monjes budistas llevan vidas muy simples y abnegadas; sin embargo, no se someten a severos ayunos ni hacen penitencias como los hindúes. El Buda les prohibía a sus seguidores este tipo de prácticas, ya que él mismo había comprobado que no servían de nada. Un monje pasa el tiempo estudiando los libros sagrados, copiándolos, aprendiendo partes de memoria y meditando sobre las grandes verdades contenidas en ellos. Pasa su tiempo, igualmente, enseñando a los más jóvenes, pues las escuelas están conectadas con muchos de los monasterios, y en el cumplimiento de sus simples obligaciones diarias. Hay pocas ceremonias o rituales. Se ofrecen flores al santuario donde está la imagen del Buda con una actitud de tranquila reflexión, como un símbolo de Gran Paz, que es el principal objetivo de todo verdadero budista. No debéis creer que los budistas adoran estas imágenes. Ellos honran al Buda como la perfección de la humanidad, como el Gran Maestro que aprendió la Verdad y se la enseñó a la humanidad; pero de ninguna forma lo consideran más que un humano. Hombres y mujeres llevan sus ofrendas de flores a los santuarios del Buda, que son construidos generalmente bajo la sombra de grandes árboles. En silencio, se sientan y meditan sobre la hermosa y sagrada vida que les muestra el camino a la Paz. A veces, los monjes leen partes de los libros sagrados a las personas reunidas. Sin embargo, enlos países donde predomina la fe sencilla del Buda no hay oficios litúrgicos como los de las iglesias cristianas.

Dos veces al mes, en luna nueva y luna llena, todos los monjes de una zona se reúnen para la Confesión. El más antiguo de los hermanos, después de leer una parte de las Escrituras, pregunta a los monjes si tienen algún pecado que confesar. Si todos permanecen callados, se hace la pregunta una segunda y tercera vez; si el monje que tiene un pecado en su conciencia no confiesa a la tercera vez que se le pregunta, es culpable de mentir deliberadamente.

Ya hemos hablado sobre la hermandad femenina de budistas, que fue fundada por Pajapati, la tía y madre adoptiva del Buda. Las hermanas, o monjas, viven juntas en comunidades con las mismas reglas que los monjes. Se les enseña a mirar a los monjes como sus superiores; son instruidas por ellos, y a ellos deben confesar sus pecados. Las hermanas, como los monjes, tienen siempre la libertad de volver al mundo cuando ellas lo deseen, y de ninguna manera debéis imaginarlas como monjas de claustro. En los inicios del budismo, la hermandad se propagó en muchas ciudades y pueblos. Algunas de las hermanas se volvieron instructoras de la Doctrina e incluso la predicaban a las personas, ya que en esos tiempos las mujeres de la India tenían más libertades que las que tienen las mujeres hindúes en la actualidad.

Aunque la mayoría de los monjes vivió entre en la civilización, deambulando de un lugar a otro para predicar las verdades que el Buda les había enseñado, también hubo muchos que vivieron en grandes bosques como ermitaños. De hecho, a menudo se adoptaba unavida solitaria durante un tiempo como la mejor manera de alcanzar la indiferencia hacia las cosas terrenales, que es la primera lección que aprenden los hermanos de las túnicas amarillas.

Al vivir en la gran soledad de las selvas indias, estos solitarios monjes estuvieron en contacto directo con la naturaleza, y aprendieron a amarla de una forma que los pobladores de una ajetreada ciudad nunca entenderán. Con solo un gran árbol o una cueva en una montaña como refugio, deambularon por la selva, libres e impávidos frente a elefantes y rinocerontes, ya que, al vencerse a sí mismos, no conocían el miedo. En el claro de un bosque o en las cumbres de las montañas azotadas por el viento, estas personas errantes encontraron la libertad y felicidad. Cuán profundo era su amor por la naturaleza lo aprendemos de los poemas o salmos que muchos de ellos nos dejaron: las flores en el borde del arroyo; las grises y pálidas grullas que, desplegando sus amplias alas, emprendían el vuelo por las tardes desde los humedales hacia el resplandor del ocaso; los frescos vientos que agitaban los árboles al caer el sol; los blancos rayos de luna que iluminaban los tenues caminos de la selva... Cosas como estas llenaban a los solitarios observadores de una tranquila felicidad. «Se desplazan con tranquilidad por las montañas y los bosques. Son felices al encontrar la felicidad y al dejar atrás el sufrimiento...». Los ermitaños no se regocijaban solo cuando las condiciones de la naturaleza eran agradables, sino también cuando las nubes tempestuosas se extendían por el cielo, cuando veían los destellos de los relámpagos y «las nubes negras en el cielo tocaban los tambores». De este modo, cara a cara con la naturaleza, el monje aprende su lección, aprende tan bien a entrenar su mente que, «como una roca, permanece sin que nada le afecte: no siente pasión en medio de la pasión; no siente rabia en medio de la rabia». Entonces, su misión está cumplida —«lo que tenía que hacerse, hecho está»—, su mente está tranquila como las nevadas cumbres del Himalaya, ya que ha apagado el fuego de las pasiones terrenales.

Los monjes son muy respetados por la gente de los países budistas debido a las vidas puras y ajenas al mundo que llevan. Se piensa que cada obsequio otorgado a estos hombres santos beneficia al donante y lo acercan al entendimiento de las doctrinas del Buda. Aunque no todos los budistas ven la verdad lo suficientemente clara como para dejar los preciados placeres terrenales, consideran la vida de un monje como la máxima posición. En un mundo donde nada es fijo, donde el cambio está trabajando constantemente —transformando y destruyendo—, el hombre no puede hacer más que aferrarse a aquello que por sí sólo es invariable: la Paz del Nirvana. Sin embargo, la enseñanza del Buda es difícil de comprender, y es solo después de haber vivido muchas vidas y haber soportado muchos sufrimientos cuando el hombre comprende la naturaleza fugaz de todo lo que intenta alcanzar. «Día y noche esta vida se está desvaneciendo. ¿Qué clase de alegría hay en algo tan breve?».

Capítulo XI
Historias del Pasado

LOS MONJES SIEMPRE han sido fervientes misioneros, y, gracias a sus esfuerzos, la Fe se difundió más allá de las fronteras de su nacimiento. El budismo, al igual que el cristianismo y el islam, es una religión desarrollada por la labor de los misioneros. Desde sus comienzos, sus maestros partieron para convertir a otros a la doctrina del Buda e invitar a todo el mundo a compartir los beneficios de sus enseñanzas. Recordaréis que el Buda envió a sus primeros sesenta discípulos y les ordenó ir en diferentes direcciones para anunciar el mensaje de salvación. Estos hombres debían predicar de la misma manera a ricos y pobres, a hombres y mujeres, a sabios e iletrados.

Cuando el Buda enseñaba a simples campesinos, que se juntaban en el jardín de Jeta para escucharlo, a menudo usaba parábolas y alegorías. Con frecuencia, durante las noches agradables, mientras el jardín estaba tranquilo bajo la luz de la luna y las luciérnagas brillaban en la oscura sombra bajo los árboles como las tenues velas en el interior de una catedral, Gautama se sentaba en el gran salón, rodeado por sus atentos oyentes, y les contaba historias sencillas para que ellos pudieran comprenderlas. Les enseñaba que cada hombre cosecha el fruto de sus acciones, que el bien atrae el bien y que el mal atrae el mal. Muchas de estas historias con las que el Buda deleitaba a sus fieles se volvieron muy conocidas y apreciadas en Europa. Las historias que llamamos *Fábulas de Esopo* son originalmente de la India, y fue Gautama quien relató algunas de ellas por primera vez en el famoso Jetavana o jardín de Jeta. De este modo, la fábula de la tortuga parlanchina, la del asno vestido con piel de león y muchas otras eran muy conocidas por los habitantes de la India hace más de dos mil años. Todas estas historias tienen una moraleja, es decir, una lección, y son generalmente los sabios y virtuosos los que salen victoriosos en las fábulas, mientras que aquel que hace el mal o se comporta de forma necia sufre las consecuencias de sus actos.

Algunas de estas parábolas indias nos han mostrado cómo un ser podía, en el transcurso de sus innumerables vidas, pasar poco a poco del estado más bajo hasta el más alto e, incluso, llegar a la cima de la perfección como lo hizo el Buda. El destino de cada ser depende de sus propios esfuerzos: para bien o para mal, es él quien teje los hilos que enlazan sus numerosas vidas. Cada vida es la consecuencia directa de otra que la ha precedido, de modo que estas numerosas vidas son en realidad una, y la muerte es solo una interrupción, un cambio que lleva a una nueva etapa del ser.

Muchas de las antiguas historias hablan de las supuestas vidas anteriores de Gautama el Buda, vidas humanas o animales, por ejemplo, en el cuerpo de una liebre, una codorniz o un ciervo. El nombre con el que se le conoce en estos cuentos es Bodisat, que significa 'aquel que busca llegar a la perfección del Buda, pero que aún no ha alcanzado la iluminación'. A lo largo de cada una de esas vidas, realiza algún acto de virtud y efectúa un paso más en el sendero de la ascensión. Una historia llamada *El ciervo abnegado* cuenta una de las vidas del futuro Buda. Había un noble ciervo, el líder de una manada de mil ciervos que vivía al abrigo de un hermoso valle. El magnífico ciervo cuidaba de toda su manada, y mantenía la cabeza fría en caso de peligro. Un día, un cazador que acechaba en los alrededores de las montañas vio el hermoso ciervo y su gran manada. Entonces, fue a ver al rey y le habló de ellos. El rey, entusiasmado con la posibilidad de un buen día de caza, fue al valle con todos sus soldados, y juntos rodearon la manada.

El valiente ciervo estaba determinado a hacer todo lo posible para salvar a los suyos; sin embargo, no veía manera de escapar salvo cruzar un torrente salvaje que fluía hasta el fondo del valle. Pero los ciervos, especialmente los más jóvenes y los más débiles, nunca podrían cruzar el agitado torrente sin arriesgar sus vidas. ¿Qué debía hacer el ciervo? Olvidándose totalmente de sí mismo y pensando solo en el bienestar de la manada, se introdujo en medio de la corriente y dijo a los ciervos que se apoyasen sobre él para poder saltar a la otra orilla. Uno por uno, los ciervos saltaron sobre el lomo de su líder, que servía de trampolín, y de esta manera todos cruzaron el río. Desgraciadamente, después de esto, el ciervo estaba sumamente herido: la carne de su lomo estaba tan desgarrada que se le podían ver los huesos, ya que había sido pisoteado por miles de pezuñas. De repente, vio a un joven cervatillo que no había podido mantenerse con la manada. Lo llamó y le dijo que se apurara en bajar hasta la corriente, y finalmente logró que cruzara el río. Luego, se tendió y dio su último suspiro.

Mediante este noble sacrificio, el ciervo salvó toda la manada de la muerte. Al dar su vida para salvar a otros, había llevado a cabo un acto de virtud, y así había ganado terreno en el sendero de la ascensión que lleva a la perfección.

En otras historias, el futuro Buda está representado como un mercante, un tesorero del rey y un comerciante de cobre, entre otros. Una de las historias, llamada Aferrarse a la verdad, advierte a aquellos que se dejan llevar muy fácilmente por los consejos de la primera persona que conocen. Dejadme que os la cuente:

Un día, el Bodisat volvió al mundo en una familia de mercantes que vivía en Benarés. Cuando se volvió adulto, comenzó a viajar de este a oeste para vender la mercancía de sus quinientas carretas de bueyes. En la misma ciudad vivía el hijo de otro mercante, que era necio y torpe, y que carecía de agudeza. Ambos jóvenes habían adquirido una gran cantidad de valiosas mercancías, y cada uno había cargado sus bienes en sus quinientas carretas de bueyes, respectivamente. Entonces, el Bodisat pensó: « *Si viajamos juntos, no habrá suficiente lugar para tantas carretas, no tendremos suficiente leña ni agua, ni tampoco suficiente pasto para los bueyes*». «No podemos viajar juntos —le dijo al otro mercante—: elige si quieres partir primero o en segundo lugar». El otro joven mercante, pensando que así podría tener ventaja, eligió partir primero: de esta manera, habría más pasto para sus bueyes, el agua estaría limpia y sería el primero en vender sus mercancías. Entonces, amarró sus bueyes a las quinientas carretas y comenzó su viaje. El camino que llevaba a la ciudad hacia la que se dirigía la caravana atravesaba un gran y árido desierto rondado por demonios. Antes de entrar en el desierto, el mercante dijo a sus hombres que llenaran grandes vasijas con agua y las pusieran en las carretas; acto seguido, comenzaron la travesía. A medio camino se encontraron con un hombre que estaba sentado en una hermosa carreta tirada por bueyes blancos como la nieve. Lo acompañaban diez o doce sirvientes, todos ataviados con guirnaldas de nenúfares, y llevaban en sus manos ramos de flores de loto rojas y blancas. El agua perlaba sus cabellos y vestimentas, y las ruedas de la carreta estaban cubiertas de barro. El mercante saludó al viajero y le preguntó si había llovido por donde él había venido. «¡¿Llovido?! —exclamó quien resultó ser el líder de los demonios—; ¡siempre llueve en esta zona! Más allá de ese verde bosque que pronto verás, el agua corre a raudales; los ríos no están nunca secos y hay estanques cubiertos de flores de loto». El mercante, que ingenuamente creyó la historia, se dejó convencer, e hizo vaciar las vasijas para aligerar sus carretas: ¿para qué llevar agua en una región donde llueve sin cesar? Luego, los demonios se perdieron de vista y regresaron a su agujero.

Sin embargo, pronto los viajeros se dieron cuenta del terrible error que habían cometido, ya que ante sus ojos se extendía un árido desierto donde no había ni rastro de agua. Al caer la noche, instalaron su campamento junto al camino, pero, como no tenían ni una gota de agua, no pudieron cocinar su arroz ni dar de beber a los cansados bueyes. Los hombres, agotados y desanimados, se quedaron dormidos, y nadie montó guardia en el campamento durante la noche. Al amanecer, las criaturas maléficas dejaron la cuidad de los demonios y destruyeron el campamento; asesinaron a hombres y bueyes, y después de haber devorado a todos, dejando solo sus huesos, se marcharon. Todos estos hombres fueron masacrados de esta forma, por culpa de un mercante que creyó la historia de un demonio.

Un mes y medio más tarde, el Bodisat comenzó su viaje, junto a su caravana, por el mismo camino que el otro mercante había tomado. Cuando el Bodisat y sus hombres se encontraban en mitad del desierto, se encontraron con el demonio y su carruaje tirado por bueyes blancos. Igual que en la ocasión anterior, el demonio y sus sirvientes parecían estar empapados por la lluvia. Llevaban flores de loto y usaban coronas de nenúfares. El demonio contó al Bodisat exactamente la misma historia que había contado al joven mercante. Pero el Bodisat, que tenía la cabeza fría, pensó: «*Este hombre me parece muy audaz, y veo que no tiene sombra como un hombre común. Es, sin duda, un demonio, y probablemente la historia que cuenta es mentira. No le creeré*». Cuando el demonio les aconsejó tirar el agua para aligerar las carretas, el Bodisat le dijo que podía hacerse cargo de sus propios asuntos. Los demonios, tal como lo habían hecho antes, se perdieron de vista y volvieron a su ciudad. Entonces, el Bodisat dijo a sus hombres que estaba seguro de que el desconocido era un demonio, y que, además, su historia carecía de todo sentido. «Si estuviéramos cerca de una zona lluviosa, habríamos visto nubes o escuchado la tormenta, ya que los truenos se pueden escuchar a varios kilómetros de distancia, y la humedad de las nubes se puede sentir desde muy lejos. Sin embargo, nadie ha visto una nube en el cielo ni ha visto ningún rastro de precipitaciones». Luego, la caravana continuó su rumbo, y en breve llegó al lugar donde el otro mercante se había instalado. Las quinientas carretas estaban llenas de mercancía como en un principio, y la osamenta de hombres y bueyes estaba dispersada por todos lados. Antes de que cayera la noche, los hombres del Bodisat habían instalado su campamento: las carretas estaban colocadas en círculo, formando una sólida defensa, y los bueyes, que habían bebido y comido, estaban en el medio. El Bodisat y sus hombres, con espadas en mano, estuvieron en guardia toda la noche, y los demonios no se atrevieron a atacarlos. Cuando amaneció, se uncieron los bueyes a las carretas y la caravana emprendió su camino. Después de haber llegado a su destino sin contratiempos, el Bodisat vendió su mercancía a un precio elevado, y luego, él y todos sus hombres regresaron de forma segura a Benarés. Así termina la historia de *Aferrarse a la verdad*, hacer lo que uno cree correcto en vez de escuchar consejos dudosos.

La mayoría de estas antiguas historias nos enseñan el incalculable valor de los actos de abnegación. Otra historia habla sobre una sabia liebre, que podía haber sido una de las encarnaciones del futuro Buda hace mucho tiempo. La liebre a la que nos referimos vivía al lado de una montaña junto a otros animales. Un día, un hombre santo pasó por ese lugar, y todos los animales quisieron darle un regalo.

Cada uno de ellos dio según lo que tenía, pero la liebre pensó: «*¿Qué tengo que ofrecer?¡El único regalo que puedo hacer a este hombre santo soy yo!*», y se dio cuenta de que cerca de él había fuego encendido; entonces, la liebre saltó sobre él y se asó para que el ermitaño pudiera comer. Por este acto de altruismo supremo se ganó un gran reconocimiento. ¿Qué acto de abnegación puede ser más importante que entregar su propia vida?

En otra ocasión, el Bodisat aparece en el cuerpo de un ermitaño que vivía en un gran bosque. Era tiempo de hambruna; no había caído una gota de lluvia durante meses: todos los cultivos se habían secado y no se veía ninguna brizna de hierba. La tierra estaba tan seca que se había partido formando grietas y hendiduras. Un día, mientras el ermitaño meditaba bajo un árbol en el calor abrasador, vio una escuálida y demacrada tigresa con sus dos crías. El animal estaba tan consumido por la hambruna que apenas podía caminar, y las pequeñas crías chillaban de hambre: la madre no podía darles nada para comer. El ermitaño sintió una profunda compasión por la pobre tigresa y sus hambrientos pequeños, y pensó: «*Haré el mayor acto de abnegación: daré mi vida a esta hambrienta tigresa, y así podrá alimentar a sus crías y les aliviará el dolor*». Entonces, se tendió frente al animal salvaje, que al verlo como una presa, saltó sobre él y lo devoró. Estos cuentos pueden sonar extraños e increíbles para los Occidentales, pero, por el contrario, tienen mucho sentido para los Orientales, quienes consideran que el altruismo es el valor más sagrado.

Hay una historia llamada *El toro negro de la anciana* que os gustará escuchar. Hace mucho tiempo, el Bodisat se rencarnó en un toro. Mientras aún era un joven ternero, un hombre se lo dio a una anciana mujer que lo había alojado y a la cual debía dinero. En la anciana mujer creció enseguida un gran afecto por el ternero negro. Lo alimentó con arroz y cereales triturados y le convirtió en su mascota. Su nombre era Negrito, y por todos lados era conocido como «el Negrito de la anciana». Deambulaba por los alrededores como él quería y creaba lazos de amistad con los niños del pueblo, que solían montarse sobre su lomo y se agarraban a sus cuernos y su cola. Pero Negrito era tan tranquilo que nunca les hizo daño. Cuando creció, se convirtió en un toro joven, hermoso y fuerte, cuyo pelaje negro brillaba como las alas de un cuervo. Un día, un pensamiento vino a él: «*Mi madre* —ya que pensó en la anciana mujer— *parece muy pobre; ella siempre ha sido tan buena conmigo, y me ha tratado como a un hijo... ¿Y si trabajo para darle un poco de dinero?*». Entonces, Negrito comenzó a buscar trabajo. Una tarde, la anciana estaba sola sentada en su casa cuando entró Negrito, que parecía bastante agotado, con un saco atado a su cuello. Dentro del saco la anciana encontró mil monedas. Al interrogarlo, supo lo que había pasado. Una caravana de quinientas carretas de bueyes había intentado atravesar un río, pero el barro estaba tan espeso que los animales no habían podido tirar de la carga. Por esta razón, el dueño de la caravana había comenzado a buscar un toro fuerte; de repente, vio a Negrito, que pastaba cerca del río. Le preguntó a un pastor quién era el dueño del joven toro, y le dijo que estaba dispuesto a pagar una buena suma de dinero al que pudiera atravesar las carretas por el río. Ofrecía dos monedas por carreta, es decir, mil monedas por la caravana. Al escuchar esto, Negrito se dejó atrapar y lo amarraron a una de las carretas. Hizo un enorme esfuerzo y, utilizando toda su fuerza, tiró de la carreta hasta el otro lado del río. Enseguida, se lo amarró a una segunda carreta, después, a una tercera, y así sucesivamente hasta que cruzó sin inconvenientes las quinientas carretas por el río.

Cuando la anciana supo lo que Negrito había hecho, le dio de comer y de beber como muestra de su afecto. Luego, lo bañó con agua caliente y lo masajeó con aceite. Negrito vivió feliz al lado de la anciana y murió en paz, y sus actos condicionaron su vida futura. La historia de Negrito se termina con estos versos:

> «Cuando el carro sea muy pesado,
> y el camino muy profundo,
> solo amarra a Negrito
> ¡y él tirará del carrito!»

En otra ocasión, el Bodisat se rencarnó en un elefante en el país del Himalaya. Era un animal blanco y magnífico que dirigía una manada de ocho mil animales. Su madre era ciega, así que, como buen hijo, partía lejos para buscarle las frutas más dulces, que se las hacía llegar mediante otros elefantes. Después de un tiempo, descubrió que su madre no recibía ninguna fruta que él recogía para ella, ya que los voraces elefantes se las comían. Entonces, decidió dejar la manada y llevar a su madre a un lugar tranquilo donde podría cuidarla. En medio de la noche, se escabulleron y se fueron a una cueva en las montañas, cerca de un hermoso lago. Allí, el elefante cuidaba de su madre y le llevaba todo lo que ella quería.

Un día, mientras había ido a buscar comida, el elefante blanco escuchó un grito de lamentación. Se acercó y vio a un guardabosque que parecía estar muy angustiado. Cuando el elefante le preguntó qué le pasaba, el hombre le explicó que estaba perdido y que había deambulado durante siete días, incapaz de encontrar su camino. «No me tengas miedo —le dijo el elefante—; yo te acompañaré hasta la ruta de los hombres». El elefante dejó al hombre montarse sobre su lomo y lo sacó de la selva. El guardabosque, después de haber encontrado su camino, regresó a Benarés, donde vivía.

Por esos días, el elefante del rey murió. Ningún otro animal parecía ser digno de transportar al rey en sus procesiones reales. Entonces, se envió a un pregonero público a la ciudad y, tocando un tambor, dijo: «Si un hombre conoce a un elefante digno de transportar al rey, que venga a palacio y lo diga». Al escuchar esto, el guardabosque, ingrato, se acordó del elefante blanco que le había salvado la vida al ayudarle a salir de la selva. Entonces, fue a palacio y se presentó ante el rey. «Majestad —dijo—, lejos, en una montaña del Himalaya, hay un hermoso elefante, blanco como la nieve, capaz de transportar a Su Majestad». El rey envió a los domadores de elefantes a las montañas, y el guardabosque les mostró el camino que llevaba a la cueva. Encontraron al elefante blanco mientras comía en el lago, entre los nenúfares, y el animal, que sabía que estos hombres venían para capturarlo, se dijo: «*A pesar de que mi fuerza es tan grande que podría ahuyentar a miles de elefantes, debo controlar mi ira aunque me atraviesen con cuchillos*». De esta forma, permaneció tranquilo, y dejó que los hombres lo capturaran y lo llevaran a Benarés en un viaje de siete días.

El rey estaba contento con el hermoso elefante blanco. Pidió que lo instalaran en un establo decorado con cortinas de vivos colores y guirnaldas de flores. Pero el elefante se negaba a comer, ya que pensaba en su pobre y ciega madre, que se encontraba lejos en las montañas. El rey le preguntó al elefante por qué no comía. «Majestad —respondió el animal—, mi madre, que es ciega y desdichada, espera con ansias a su hijo. Ella está lejos, en las montañas, tropezándose con alguna raíz». El rey se conmovió ante la ternura que el elefante mostraba hacia su madre. «Liberen al gran elefante —dijo—; déjenlo volver a su casa y encontrar a su madre, que lo espera con ansias». De este modo, el elefante pudo volver a su casa en las montañas, y su madre se alegró de poder ver a su hijo nuevamente.

Otra historia nos cuenta que el Bodisat vino al mundo en una rica familia de brahmanes. Después de la muerte de sus padres, heredó una gran fortuna, pero la donó a los pobres y llevó una vida de ermitaño en las montañas del Himalaya. En aquella época, Brahmadatta gobernaba Benarés. Una noche, unos ruidos extraños despertaron al rey mientras dormía en la alcoba real: primero, escuchó los graznidos de una grulla en los jardines de palacio; luego, un cuervo solitario que graznaba en la puerta de la guarida del elefante; un poco después, el zumbido de un gran insecto y el canto de un cuclillo perturbaron al rey. Un ciervo doméstico y un mono que vivían en el palacio igualmente dieron gritos aterradores. Estos extraños ruidos a altas horas de la madrugada habían preocupado mucho al rey, y a la mañana siguiente, pidió a los sabios que le explicaran el alboroto. «Majestad —dijeron—, corréis gran peligro. Sería bueno hacer un sacrificio para calmar la ira de los dioses». Entonces, los sacerdotes reunieron muchos animales y se prepararon para un gran sacrificio.

El Bodisat había dejado el Himalaya y vivía en un jardín de Benarés. Un alumno que escuchaba la enseñanza de los sabios tuvo compasión por los animales que iban a ser sacrificados, y fue a ver al Bodisat para ver si podía explicar los ruidos que preocupaban al rey. «Esos ruidos son totalmente naturales —respondió el Bodisat—; no hay nada de qué preocuparse». El alumno le rogó que lo acompañara a palacio y que dijera lo mismo al rey, pero el Bodisat respondió: «¿Cómo puede ser que yo, que soy un extranjero aquí, sea más sabio que los sacerdotes?». Pero el alumno repitió al rey lo que el ermitaño le había dicho, y Brahmadatta fue en persona al jardín para preguntarle al Bodisat.

«Majestad —dijo el Bodisat—, los ruidos que habéis escuchado no tienen nada de extraño. Al contrario, son totalmente naturales y no presagian ningún peligro para Su Majestad. La grulla chilló porque tenía hambre: los tanques estaban vacíos y no podía encontrar comida. El cuervo había construido su nido en la puerta de la guarida del elefante; había puesto sus huevos y sus crías habían nacido, pero cada vez que el cuidador del elefante cruzaba la puerta de la guarida, golpeaba el nido con su gancho de hierro; así, había matado a los pichones, y el cuervo lloraba a sus pequeños». Cuando el rey se enteró de esto, despidió al cuidador. «El cuclillo en la jaula —continuó el Bodisat— anhelaba su vida en el bosque. Se lo suplico gran rey, liberadlo». El rey liberó al cuclillo. «El ciervo —siguió el Bodisat— fue un día el líder de su manada; soñaba con el tiempo en el que paseaba por las llanuras, seguido de muchas hembras». Las explicaciones que dio el ermitaño mostraron claramente que todos esos ruidos extraños eran naturales, y el rey se convenció de que no debía temer por su vida. Brahmadatta, seguro de la veracidad de las palabras del Bodisat, proclamó, mientras resonaban los tambores, que no habría ningún sacrificio, y ordenó que liberaran todos los animales que habían reunido para la masacre.

De esta manera, el Bodisat difundió su amor por todas las criaturas y convenció a los hombres de que mostraran compasión y clemencia. Hay muchas antiguas historias como estas. Algún día vosotros quizás las leáis para distraeros. Estas cuentan que, de todas las virtudes, la abnegación es la más importante; aquel que no piensa más en sí mismo logra llegar al final de sus numerosas vidas y desemboca desde el tumultuoso río que es la vida en un tranquilo océano donde no sopla el viento, el océano de la paz eterna.

Capítulo XII
La Fraternidad de Todos los Seres

EL MENSAJE DEL Buda, como el de Cristo, iba dirigido a toda la humanidad sin excepciones. Nadie estaba excluido, y los miembros de todas las castas hindúes eran acogidos en la Orden. De este modo, leemos que una reina —la esposa de Bimbisara— se convirtió en monja, y que una funámbula cambió su vestimenta colorida y sus cascabeles por la túnica amarilla de la Hermandad de monjas. Algunos de los monjes habían sido príncipes, y también había un hombre, conocido por su misericordia y su erudición, que había sido el barbero del rey de Kapilavastu.

Los brahmanes creen que los hombres que nacen en la casta de los brahmanes son superiores a los demás. Pero para el Buda, el mérito de un hombre no depende de su nacimiento, sino que depende de los esfuerzos que hace. De hecho, la palabra *brahmán* era empleada por el Buda para referirse a un hombre que caminaba por los senderos más altos de virtud y sabiduría. «Un hombre no se convierte en *brahmán* por su nacimiento, ni por su familia ni por su cabello trenzado —dijo el Buda—. Aquel que es justo y honesto es un bendito, un brahmán. Aquel que yo llamo un brahmán tiene gran conocimiento y sabiduría, sabe lo que es el bien y el mal, y ha alcanzado el objetivo final».

Una historia que habla de un joven y orgulloso brahmán que visitó al Buda enseña una lección de cortesía y de buenos modales. El Bendito estaba en un bosque cerca de Savatthi. Un día, mientras algunos de sus discípulos deambulaban por un parque cerca del bosque, un joven y erudito brahmán llegó, y dijo que venía a ver al Maestro del que tanto había oído hablar.

—¿Dónde puedo encontrar al venerado Gautama? —preguntó.

—Allí está su morada —respondió uno de sus discípulos—. Entra de manera silenciosa por el porche, tose discretamente y toca en la barra transversal; el Bendito abrirá la puerta.

El joven brahmán hizo lo que le habían dicho y fue admitido en la morada del Buda. En ese entonces era costumbre mostrar respeto por los ancianos manteniéndose de pie mientras ellos estaban de pie, sentándose cuando ellos se sentaban y recostándose cuando ellos se recostaban. Pero el joven brahmán, ignorando todas las reglas de cortesía, se comportó de manera arrogante en presencia del Buda, y alardeó sobre el gran linaje del que descendía. El Buda le reprendió diciendo:

—¿Es así como tratas a tus mayores?

—Desde luego que no —respondió el joven hombre—. Sé cómo comportarme cuando hablo con un brahmán, pero cuando hablo con mendigos, monjes inferiores o negros, los trato como te estoy tratando a ti.

—Pero, ¿no has venido a pedir algo? —le preguntó el Buda—. Piensa mejor en el propósito de tu visita. Eres un joven brahmán maleducado, pero no es tu culpa, sino la de tu profesor, que te debería haber inculcado buenos modales.

El joven brahmán se sintió ofendido al ser considerado como maleducado; se puso furioso y trató a los *sakyas* de pueblo grosero y quisquilloso.

—Hay cuatro categorías de hombres —continuó el brahmán—: los brahmanes, los nobles, los mercantes y los trabajadores; las últimas tres clases están para servir a los brahmanes.

El Buda reprendió al joven hombre por su orgullo probándole que los *sakyas* también podían jactarse de su linaje de la misma manera que él lo hacía.

—Pero a aquellos que caminan por el sendero más elevado de la sabiduría y la rectitud —agregó el Buda— no les preocupa la procedencia ni el orgullo que consiste en comparar la posición de un hombre con la de otro.

Y, mientras el Buda hablaba sobre la belleza de la vida perfecta, el joven brahmán, que había sido arrogante y engreído, reconoció que el Maestro era un Buda, uno de esos grandes hombres que raramente se ven y que traen la salvación a la humanidad.

Era maravilloso ver que tantos hombres habían decidido seguir al Buda por los duros senderos del deber y la abnegación cuando no se había

hablado demasiado sobre las futuras recompensas ni se había realizado ningún milagro para convencer a aquellos que dudaban. De hecho, cuando el Buda supo que uno de sus discípulos había llevado a cabo un milagro, prohibió expresamente el uso de poderes sobrenaturales, ya que la Doctrina no se debía predicar de esa forma. Pero, a pesar de que no realizaban milagros en la enseñanza del Buda, el halo de gloria casi celeste con el que sus seguidores rodeaban los hechos y los gestos de su amado Maestro no era del todo natural. Con el transcurso del tiempo, un gran número de hermosas leyendas aparecieron y se integraron en las creencias. Una de estas historias describía la ascensión del Buda al cielo para predicar la Doctrina a su madre, que murió siete días después de que él hubiese nacido. Durante tres meses, los discípulos no pudieron encontrar a su Maestro. Lo buscaron por todos lados, pero nadie sabía dónde había ido. Así, la leyenda cuenta que Gautama ascendió a la morada de los espíritus felices para decirle a su madre, que había dejado esta tierra antes de que él comenzara su búsqueda, que había encontrado la Verdad. Los budistas imaginan el cielo como un lugar donde los virtuosos renacen y viven un período de gozo. Sin embargo, este período se acaba, ya que las glorias del cielo, como las de la tierra, terminan por debilitarse y desaparecer; solamente la Paz del Nirvana es eterna. Los discípulos, que usaban toda la belleza y la vivacidad de la imaginación Oriental, imaginaban a su Maestro en la morada de los espíritus dichosos sentado sobre un resplandeciente trono en medio de un bosque celestial, mientras enseñaba a su madre las Verdades eternas de la Doctrina, con innumerables ángeles y espíritus que se regocijaban al escuchar el mensaje de salvación. Cuando el Buda descendió a la tierra, lo hizo por medio de una escalera adornada con piedras preciosas de todos los colores, que resplandecían como el arcoíris.

Los discípulos se regocijaban de estar nuevamente junto a su Maestro, y lo acompañaron a Savatthi, donde el Buda continuó con sus enseñanzas en el jardín de Jeta, donde hubo muchos que se convirtieron a la Doctrina. Un día, durante el tiempo de cosecha, Gautama deambulaba por las tierras de cultivo cerca de Rajgir. Todos los habitantes trabajaban en sus campos, recogían sus cosechas; nadie se encontraba desocupado, e incluso las mujeres salían para ayudar a sus maridos. Cerca del pueblo donde estaba instalado el Buda, había una gran granja que pertenecía a un rico brahmán. Una mañana, muy temprano, el Buda tomó su cuenco limosnero y fue al lugar donde los campesinos recibían su comida. El campesino, al ver al monje con su cuenco, lo miró enojado, y se dirigió al Buda de manera muy grosera:

—He trabajo mis campos —dijo—, he sembrado y he cosechado las semillas; me he ganado el pan trabajando duro. En cambio, tú, Gautama, no has trabajado ni sembrado, no has trabajado para ganarte el pan.

—Yo he trabajado y he sembrado igualmente, brahmán —respondió el Buda—; por tanto, también me he ganado el pan.

—Si eso es cierto, ¿entonces dónde está tu arado?, ¿dónde están tus bueyes y tu yugo?

Y el Buda respondió con la siguiente parábola:

—Las semillas que planto son las de la Fe, y la lluvia que las riega es el Arrepentimiento; la Sabiduría es mi arado y mi yugo, y el buey que tira del arado es la Perseverancia. Con la Verdad arranco las malas hierbas del pecado y la ignorancia. Mi cosecha es el Fruto de la Inmortalidad.

Cuando el Buda volvió por primera vez a su casa después de la iluminación, Rahula, su hijo, que era en ese entonces un niño pequeño, fue recibido en la Hermandad de monjes para seguir sus enseñanzas. Supimos poco sobre él hasta sus veinte años, cuando fue ordenado monje en el monasterio de Jeta. En esa ocasión, el Buda se dirigió a su hijo durante un discurso muy célebre que conocemos como «El sermón de Rahula».

La vida del Buda fue una vida de dura labor y de adversidad, y cuando cumplió cincuenta años y su fuerza comenzó a debilitarse, sus discípulos quisieron que uno de ellos lo acompañara de forma permanente. Fue Ananda, el primo de Gautama, el que recibió este cometido. Mucho tiempo antes, cuando Ananda era solamente un niño, un sabio había profetizado que se convertiría en el servidor del Buda. El padre de Ananda, que no quería que su hijo se convirtiese en un monje, había hecho todo lo posible para que los dos primos nunca se conocieran; sin embargo, como ya sabemos, sus esfuerzos habían sido en vano: Ananda se convirtió a la doctrina y entró en la Orden. A partir de ese momento, se volvió amigo íntimo del Buda, y luego, su servidor especial. Lo atendía con el mayor de los cuidados, y no se separó de su lado hasta la hora de su muerte. Era el deber de Ananda llevar el cuenco limosnero del Buda, poner su estera bajo la sombra de un árbol cuando estaba agotado o deseaba descansar y darle agua cuando tenía sed. Ananda, que era de naturaleza dulce y amable, era muy amado por el Buda, y se han conservado muchas conversaciones entre ellos. Ananda no tenía la misma grandeza ni era tan inteligente como los otros discípulos del Buda; pero destacaba sobre los demás gracias a sus cualidades humanas. Su devoción no tenía límite, y más de una vez estuvo junto al Buda en momentos de peligro cuando todos los otros discípulos lo habían abandonado.

Nos asombramos al ver la devoción que el Buda inspiraba en el corazón de aquellos que lo conocían, ya que su amor y su compasión estaban destinados a toda la humanidad, a cada ser vivo. Así, hay muchos ejemplos del cariño que sentía por los animales. En Occidente, tenemos la costumbre de felicitarnos por la manera en que nuestra sociedad protege a los animales de la crueldad del hombre y consideramos nuestra humanidad como el fruto de una civilización superior. Pero fue hace más de 2400 años cuando el Buda dijo: «Aquel que no tenga compasión por los seres vivos, que sea marginado». El Buda instó a sus seguidores a ser buenos con todas las criaturas, «tanto con aquellas que son fuertes como con aquellas que tiemblan en el mundo», es decir, los seres débiles e indefensos. Toda criatura, incluso un gusano situado al borde del camino, era digna del amor y la ternura del Buda. Todos los seres vivos pertenecen a la misma fraternidad: esa fue la enseñanza del Buda. ¿Quién predicó mayor caridad en este mundo?

Un día, mientras viajaba por las tierras de Magadha, Gautama vio un ciervo que se debatía en una trampa. Liberó al pobre animal de la red que lo aprisionaba y lo dejó ir. Luego, se sentó al pie de un árbol, y estaba tan concentrado en sus pensamientos que no se dio cuenta de que un hombre se acercaba sigilosamente a él con un arco en la mano. El cazador enfurecido, decidido a vengarse del hombre que le había arrebatado su presa, avanzó hacia Gautama con la intención de matarlo. Le apuntó, pero cuando intentó tensar su arco, una fuerza se lo impidió. De pronto, su determinación desapareció, así que dejó su arco en el suelo y fue al lugar donde el Buda estaba sentado.

Pocos de los que estaban en presencia del Gran Maestro no sentían la influencia de su noble naturaleza. No fue necesario mucho tiempo para que el cazador calmara su furia. Escuchó pacientemente las palabras del Buda; luego, se levantó para ir a buscar a su esposa e hijos para que ellos también pudieran escuchar las palabras del sabio. Al final, el cazador y todos los miembros de su familia se convirtieron y se declararon creyentes de la doctrina del Buda.

Los brahmanes, o sacerdotes hindúes, a menudo ofrecían sacrificios a los dioses para calmarlos: pensaban que la única forma de hacerlo era derramando sangre. Uno de esos brahmanes había preparado un gran sacrificio en honor a uno de los antiguos dioses hindúes. Se reunieron rebaños completos de ovejas y cabras, listos para ser masacrados en el día del sacrificio. El Buda visitó a este brahmán y comenzaron a discutir varios temas. El Buda hablaba del carácter sagrado de la vida, humana o animal, de la pureza del corazón y de la rectitud, que son más importantes que un sacrificio que exige el derramamiento de sangre; un hombre no se puede redimir de sus pecados mediante el sufrimiento de criaturas inocentes. Solo los esfuerzos por hacer el bien pueden ayudarlo. Las palabras del Buda calaron hondo en el alma del brahmán, quien se convenció de su verdad y se declaró creyente de esta doctrina. Decidido a salvar las vidas de todos los animales que habían sido escogidos para el día del sacrificio, el brahmán ordenó que los liberaran. Así, en vez de matarlos, los liberaron en la montaña, donde pudieron pasear a voluntad, elegir su propio pasto, beber del agua clara de los arroyos de las montañas y respirar el aire fresco que soplaba en las alturas.

De este modo, el Buda enseñó a sus discípulos a ser bondadosos y amables con todas criaturas; pero además les enseñó a amar a todos sus enemigos y a perdonarlos, a «superar la furia manteniendo la calma, a superar el mal con el bien, a superar la avaricia siendo generosos y a superar las mentiras diciendo la verdad». El Buda comparó al hombre que es capaz de dominar su ira, como se doma un caballo salvaje, con un «conductor experimentado», mientras que los otros son «la multitud popular que se contenta con sujetar solo las riendas». Algunos se jactan de su temperamento brusco y creen que, al manifestar su ira, demuestran su fuerte carácter. Sin embargo, el Buda consideraba que la pérdida del autocontrol era una debilidad denigrante. «No hay nada mejor que controlar nuestra ira —dijo—: el necio que está enfurecido y que piensa ganar mediante insultos será siempre vencido por aquel cuyo discurso es paciente». Veremos cómo Gautama venció a un conocido ladrón, al oponerse a su furia con dulces palabras.

Mientras viajaba por Kosala, se advirtió al Buda que no pasara por cierto bosque, ya que en medio de la selva se encontraba la guarida de un famoso ladrón. Su nombre era Angulimala, y aterrorizaba a toda la región, ya que robaba a los viajeros incautos. Además, había cometido muchos asesinatos. No le temía a nadie, y los gritos de sus víctimas se habían escuchado hasta en los pasillos de palacio. Todo intento por capturar a este hombre dispuesto a todo había fracasado. Era imposible seguirle el rastro en los densos bosques donde se escondía, por lo que seguía cometiendo crímenes con toda impunidad.

Desde siempre, los habitantes de Kosala habían implorado al Buda que no se expusiera a los peligros que había en el territorio del ladrón. Pero Gautama no conocía el miedo; nada ni nadie podía asustarlo. Entonces, ignorando todas las advertencias, entró en el bosque y fue directamente a la guarida del ladrón. Angulimala, furioso por esta audacia, decidió matar al intruso. Sin embargo, cuando vio al Buda, tranquilo y sereno, y al escuchar sus palabras llenas de bondad, el ladrón dudó. Su brazo alzado, listo para matar, estaba inmóvil, impotente. Su ira se calmó como las brasas de un fuego moribundo. A medida que el Buda iba hablando con él, la razón de ser del ladrón cambiaba, y pronto el hombre confesó todos sus pecados y declaró su fe en la Doctrina. Cuando las personas vieron al nuevo discípulo que seguía a su Maestro, estaban maravilladas, y no podían creer que aquel hombre fuera el mismo que había aterrorizado la zona durante muchos años. Angulimala se convirtió en monje y fue conocido por su santidad. Murió poco tiempo después de haberse convertido.

A pesar de que muchas personas habían sido atraídas por la bondad y las palabras sabias del Buda, hubo algunos —entre ellos los parientes de Gautama— que lo rechazaban. El padre de Yasodhara nunca le había perdonado el haber abandonado a su esposa: no podía soportar ver a su hija, que debería haber sido reina algún día, llevar, ahora, una vida en la miseria, vestida con la túnica amarilla de monja. Un día, mientras el Buda estaba de visita en su ciudad natal, el anciano rajá salió a su encuentro y lo maldijo frente a todos los demás.

Sin embargo, el mayor enemigo del Buda era Devadatta. Desde pequeño, había albergado en él sentimientos de envidia y aversión hacia su primo Siddharta. Quizás recordaréis la discusión que tuvieron cuando Siddharta salvó la vida a un ganso que estaba herido. Con el paso del tiempo, el resentimiento que Devadatta sentía por su primo creció, convirtiéndose en odio. Este joven ambicioso no podía soportar que otro lo superara y, cada vez que tenía la oportunidad, intentaba hacer daño a Gautama. Incluso intentó quebrantar la lealtad de Ananda hacia su Maestro, pero fue en vano. Aunque se había convertido al budismo y era miembro de la Orden, Devadatta hacía todo lo posible para sembrar la discordia entre los seguidores, y en cierta medida había tenido éxito, ya que quinientos monjes habían abandonado a Gautama para seguirlo a él.

Como se llevaba bien con el hijo del rey Bimbisara, Devadatta se instaló en Rajgir con sus discípulos. Practicaba magia y, después de insistir sobre los milagros y las maravillas que podía hacer, terminó por influenciar al joven príncipe. Finalmente, lo persuadió para que le construyera un monasterio y diera alimento a sus monjes. Cada día, el príncipe enviaba carros con quinientos cuencos de platos refinados a los monjes infieles. Durante este tiempo, conspiraba en secreto contra el Buda, buscando la manera de usurpar su lugar y convertirse en el líder de la Hermandad. *« Gautama se está volviendo viejo —se decía—. De tanto predicar, además de la administración de los asuntos de la Orden, cada día se va agotando más. ¿Y si me cediera la administración de la hermandad? De esta manera, podría dejar de trabajar; podría descansar y tendría una vida cómoda ».* Afirmando aún ser seguidor del Buda, Devadatta pidió permiso para crear una nueva orden de monjes. Como su petición fue rechazada, decidió abandonar el budismo y crear su propia religión. Sin embargo, no vivió mucho tiempo para realizar su proyecto: una leyenda cuenta que la tierra se abrió y se tragó a Devadatta como castigo por su maldad. Lo que resultó de su amistad con Ajatasattu, el hijo del rey Bimbisara, lo veremos en el capítulo siguiente.

Capítulo XIII
La Noche del Nenúfar Blanco

BIMBISARA, REY MAGADHA, fue uno de los primeros en convertirse al budismo, y hasta el final de su vida continuó amando y respetando al Buda. Este rey tenía un hijo llamado Ajatasattu, que significa 'el enemigo'. ¿Por qué pusieron tal nombre al hijo del rey? Os lo explicaré.

Al norte del Ganges, no lejos de lo que hoy en día es la ciudad de Patna, se encontraba la célebre ciudad de Vesali. Este lugar era tan hermoso, con magníficos templos y palacios, jardines y sombreadas arboledas, que parecía un paraíso terrenal. Sus techos de oro y plata resplandecían al sol, y a menudo las calles estaban alegremente decoradas para celebrar uno de los numerosos festivales que había en este lugar. Vesali estaba dividida en tres barrios: en el primero, había siete mil casas con torres de oro; en el segundo, catorce mil casas con torres de plata; y en el tercer barrio, había veintiún mil casas con torres de cobre. En estos barrios vivía gente de clase alta, media y baja, respectivamente, dependiendo de su rango. Vesali no estaba gobernada por un rey; era una ciudad libre, y como varios pequeños Estados indios de la época, era una especie de república donde el principal magistrado era elegido por el pueblo.

Uno de sus magistrados tenía dos hijas. Un sabio, que había sido llamado para predecir su futuro, profetizó que la hija menor tendría un hijo valiente y virtuoso, mientras que la hija mayor, Vasavi, daría a luz a un niño que asesinaría a su padre y usurparía su lugar. Vasavi creció y se convirtió en una muchacha joven, hermosa y amable. Bimbisara, el rey de Magadha, vino a Vesali y, al ver a la hermosa muchacha, se enamoró y se casó con ella. Luego, la joven muchacha tuvo un hijo, y en conmemoración de la profecía, se le llamó Ajatasattu, 'el enemigo'.

Cuando creció, el príncipe mostró una actitud caprichosa y una mala disposición; no acertaba a la hora de elegir a sus amigos y, como ya sabemos, se dejó influenciar por Devadatta. El rey estaba muy preocupado por la cercana relación que tenía su hijo con un hombre tan malvado, que era el enemigo del Buda. Sin embargo, su hijo se negaba a escuchar las advertencias de su padre.

Devadatta introdujo pensamientos inmorales en la cabeza del joven príncipe, quien comenzó a ambicionar el reino de su padre. Incluso en una ocasión atentó contra su vida. Bimbisara era de naturaleza muy bondadosa, y no solamente perdonó a su hijo, sino que además le dio una parte de su reino, pensando que el carácter del príncipe mejoraría si tuviera más responsabilidades y se interesara por el bienestar de su pueblo. Sin embargo, Ajatasattu saqueó y oprimió al pueblo bajo sus reglas, el cual manifestó sus quejas ante el rey. Bimbisara estaba muy afligido por la conducta de su hijo, pero pensó que Ajatasattu actuaría mejor si tuviera un mayor dominio y más deberes que cumplir; por tanto, le dio todo su reino, menos la capital, Rajgir. A pesar de esto, Ajatasattu no estaba satisfecho y, siguiendo los consejos de Devadatta, exigió a su padre que renunciara a la capital y a sus tesoros. El anciano rey, destrozado por la pena, le dio todo lo que tenía, pero, al mismo tiempo, le aconsejó que desconfiara de Devadatta y le suplicó que evitara esa mala compañía. Al escuchar esto, Ajatasattu se enfureció e hizo encarcelar al rey, hasta que murió de hambre en prisión. Es triste imaginar a Bimbisara, que era un rey sabio y un padre dulce y tierno, encerrado en su propia ciudad. Nadie podía visitarlo, a excepción de la reina, que iba todos los días a ver a su marido y le llevaba comida. Pero cuando Ajatasattu fue consciente de esta situación, prohibió a Vasavi llevar cosas a la prisión. A pesar de haber sido amenazada de muerte si desobedecía, la reina se las arreglaba para llevar agua al rey, que ocultaba en los anillos huecos que llevaba en los tobillos; también le llevaba polvos nutritivos, que escondía en sus vestimentas, y gracias a estas estrategias, logró mantener con vida por un tiempo al rey. Pero, finalmente, las maniobras de la reina fueron descubiertas, y se le prohibió visitar al rey.

En uno de los muros de la prisión había una pequeña ventana que daba al Pico del Buitre, donde a menudo el Buda se alojaba con sus discípulos, y cuando el rey miraba por la pequeña ranura, podía ver a veces a

su amado Maestro. Ver al Bendito lo llenaba de tanta felicidad que lo ayudaba a mantenerse con vida. Sin embargo, al pobre prisionero no se le permitió siquiera esta última consolación, ya que cuando Ajatasattu supo de la existencia de esta ventana, hizo que la tapiaran.

Un día, el pequeño hijo de Ajatasattu sintió dolor en uno de sus dedos, y fue llorando a ver a su padre, que lo tomó en sus brazos y lo besó. Al ver esto, la reina Vasavi se puso a llorar, ya que recordó la época en la que su propio hijo era todavía un niño inocente. «¡Ah, tu padre hacía lo mismo contigo!», exclamó, y contó al príncipe cómo su padre lo había besado y mimado en una situación similar. Ajatasattu se conmocionó con las palabras de la reina y se dio cuenta de lo cruel que había sido. Lleno de remordimientos, ordenó que liberaran al rey; pero era demasiado tarde: el rey había muerto. Así se cumplió la profecía de que el hijo de Vasavi mataría a su padre para robarle su reino.

Entonces, Ajatasattu fue coronado como rey de Magadha y vivió en su espléndido palacio, en Rajgir. A pesar de los remordimientos que tuvo cuando se dio cuenta de cómo se había comportado con su padre, aún mantenía su amistad con Devadatta, y con frecuencia escuchaba sus consejos. El infiel monje a menudo conspiraba contra el Buda, y en varias ocasiones intentó asesinarlo mientras estaba en Rajgir. Así, un día Devadatta pidió a un hombre proveniente del sur de la India, experimentado en mecánica, que le construyera una especie de catapulta con la que se pudieran lanzar rocas grandes. Esta máquina se construyó y se instaló sobre la morada de Gautama; se contrató a varios hombres para que trabajaran en ella, y se les prometieron grandes recompensas si lograban acabar con el Buda. Esperando su oportunidad, los hombres se prepararon para atacar; sin embargo, cuando llegó el momento, los sicarios se negaron a accionar la catapulta. Atormentados por los remordimientos, se presentaron ante el Buda, se arrodillaron ante él y le confesaron sus maléficas intenciones. Poco después, se convirtieron a la doctrina.

Cuando Devadatta descubrió lo que había ocurrido, decidió asesinarlo él mismo; entonces, lanzó una gran roca, que cayó sobre el pie del Buda, hiriéndolo gravemente. Los discípulos, consternados por la herida de su Maestro, y temiendo que se desangrara, corrieron en busca del curandero Jivaka, que era hermanastro del rey Ajatasattu. Jivaka colocó una pomada muy rara a base de madera de sándalo en el pie del Buda; sin embargo, hizo falta esperar mucho tiempo hasta que la herida sanó.

Devadatta, todavía determinado a llevar a cabo su vil objetivo, ideó un nuevo plan para matar a Gautama. En los establos del rey vivía un feroz elefante; este animal había atacado y herido a tantas personas que la gente pidió al rey que el elefante llevara un gran cascabel que alertara a la población cuando él anduviera por las calles. El rey aceptó, y cuando la gente escuchaba la campana, corría rápidamente a esconderse. Un día, Devadatta, que sabía que el Buda estaba invitado a la casa de un mercante de Rajgir, buscó al cuidador del elefante y prometió que le daría un collar cuyo valor ascendía a mil monedas si soltaba el animal cerca del Buda. Devadatta le aseguró que tenía la autorización del rey para llevar a cabo el siniestro complot, y el cuidador aceptó su petición. A pesar de que se había advertido al Buda sobre el peligro que lo acechaba, fue a la ciudad sin temor, y mientras caminaba por la calle con sus discípulos, se escuchó el cascabel del elefante. Entonces, se soltó el animal y este arremetió con furia contra la multitud. Todos los discípulos huyeron aterrorizados, excepto Ananda, que permaneció al lado de su Maestro. Gautama comenzó a decir palabras tranquilizadores al animal salvaje, que permaneció quieto cuando escuchó su voz. Completamente sumiso, el elefante siguió al Buda como un perro sigue a su dueño hasta la casa del mercante. Muchas historias nos cuentan que la bondad y la santidad del Buda le dieron el poder para domar incluso los animales más salvajes. La escena de la sumisión del elefante se encuentra grabada en varios monumentos indios antiguos.

Poco tiempo después de estos hechos, muchos de los desertores que habían seguido a Devadatta se arrepintieron, confesaron sus pecados y volvieron junto al Buda, quien los recibió nuevamente en la Orden, sin reprocharles nada. Quizás el rey Ajatasattu estuviera comenzando a desconfiar de su amigo Devadatta puesto que visitó al Buda, que estaba residiendo en un bosque de mangos que pertenecía al curandero Jivaka.

La sagrada noche del nenúfar blanco era la noche de luna llena del mes de octubre: la luna estaba redonda como el sol, y flotaba en los cielos como una bola de fuego líquido; la tierra estaba iluminada, y parecía cubierta con joyas del paraíso. Ajatasattu, emocionado por la belleza de la noche de octubre, salió a la terraza de palacio con todos sus ministros, a la luz de la luna.

—¡Qué hermosa noche! —exclamó el rey—. ¡Qué agradable y pacífica está la noche! ¿Cómo podríamos celebrarla?

—Sire —respondió uno de sus ministros—, tiene todo lo que un corazón puede anhelar. Podríamos adornar la ciudad con flores y organizar un festival, y así Su Majestad se regocijaría.

Otro sugirió atacar a una de las tribus vecinas para celebrar la noche con una victoria; otros ministros propusieron visitar a uno o a varios hombres santos que se encontraban cerca de la ciudad. Pero el rey permaneció callado. Finalmente, se giró hacia Jivaka, el curandero.

—No has dicho nada, Jivaka.

—Sire —respondió Jivaka—, el Buda mora en mi bosque de mangos. Ese hombre supera a todos los demás en bondad y sabiduría; es un maestro, un guía de la humanidad. Id a verlo, Majestad, y quizás el Buda traiga paz a vuestro corazón.

Quizás la belleza de la noche ablandase el corazón del rey y lo hiciera acercarse al Buda, ya que dijo:

—Jivaka, ve y prepara los elefantes: iremos a visitar al Bendito.

Luego, se colocó el gran elefante, un poderoso animal, frente al palacio de la realeza, adornado con oro y piedras preciosas. Los sirvientes, que llevaban antorchas en la mano, rodeaban al rey; los precedían quinientas damas de la corte, cada una montada sobre un elefante. En el resplandor color plata de esta noche oriental, comenzó la procesión real en dirección al bosque de mangos del curandero Jivaka. Cuando llegaron a su destino, se dieron cuenta que no se escuchaba ningún ruido de parte de los discípulos que se encontraban alrededor del Buda, y, por un momento, Ajatasattu creyó que había caído en una emboscada. Ansioso, preguntó a Jivaka:

—¿Me has traicionado? ¿Me has entregado al enemigo? ¿Cómo puede ser que en una gran asamblea no haya ningún ruido, ni siquiera el sonido de una tos o de un estornudo?

—No temáis, Majestad —respondió Jivak—; no os he traicionado. Mirad: una la luz está encendida en la gran sala.

Entonces, el rey bajó de su elefante y entró en el monasterio. No pudo reconocer inmediatamente al Buda en medio de la multitud, y dijo a Jivaka que le indicara donde estaba.

—El Bendito, Majestad, está apoyado en la columna central; su rostro mira hacia el este; está sentado en medio de sus discípulos como en medio de un lago calmado y tranquilo.

El rey debió de sentir el encanto de aquella escena silenciosa, ya que exclamó:

—¡Quiero que mi hijo sienta algún día la paz que reina en esta asamblea!

Luego, Ajatasattu se inclinó ante el Buda como muestra de respeto y le rogó que le diera permiso para hacerle preguntas sobre cuestiones que lo perturbaban.

—Majestad —dijo el Bendito—, haced todas las preguntas que queráis.

—Los hombres —continuó el rey— realizan muchas profesiones: son domadores de elefantes, jinetes, arqueros, espadachines, tejedores, cocineros, blanqueadores, cesteros, barberos y clérigos, entre varias otras. Los hombres que ejercen todas estas profesiones son recompensados con el dinero que ganan, y este les permite llevar cómodas vidas y suplir las necesidades de sus familias e hijos. Pero ¿qué recompensa recibe un hombre que se convierte en monje y renuncia a su hogar, a sus cercanos, a su fortuna, al bienestar y a todos los placeres de la vida?

El rey agregó que había hecho esa pregunta a muchos filósofos brahmanes e hindúes, pero que ninguno le había podido dar una respuesta satisfactoria.

—Os voy a preguntar algo —dijo el Buda—. Imaginad que uno de vuestros servidores renuncia al mundo, se corta el cabello, se rasura la barba, lleva la túnica amarilla, vive solo y se satisface con lo mínimo. ¿Cómo lo trataríais? ¿Lo obligaríais a retomar sus funciones?

—No —respondió el rey—; sería tratado con respeto. Nos levantaríamos de nuestro asiento en su presencia y lo invitaríamos a sentarse;

le prepararíamos un lugar para vivir y le daríamos comida, vestimenta, medicamentos y todo lo que necesitara.

—Entonces, ¿no habéis demostrado que hay en este mundo una recompensa para aquel que lleva una vida más elevada? —El rey asintió—. Esta es solo la primera recompensa —explicó el Buda, y luego explicó que había satisfacciones más importantes para aquel que se deshacía del peso de las pasiones y las ataduras terrenales—. Aquel que deja de preocuparse de su riqueza y de todas las cosas que atormentan al hombre es libre como el viento. Al liberarse del peso de las posesiones, puede ir donde él quiera, como un ave que revolotea a voluntad, y lo único que quiere es un poco de comida para vivir y una vestimenta que lo cubra. Descansa en un lugar tranquilo, al lado de una montaña donde sopla el viento, en un sombreado bosque o en un valle en la montaña. De esta manera, el monje aprende a estar satisfecho. Al haber accedido a la virtud, vive en paz con todos los hombres y rebosa bondad y compasión hacia todo ser vivo. Como un rey que ha vencido a todos sus enemigos, el monje ha dominado sus pasiones, eliminando la preocupación, la ansiedad, el odio, la crueldad y la indolencia. Piensa solamente en cosas que valen la pena obtener y se vuelve tranquilo y sereno. La alegría que crece dentro de él lo llena completamente, como los ríos subterráneos que llenan de agua clara y fresca un lago profundo a pesar de que ningún caudal desemboque en él ni caiga ninguna gota de lluvia.

De esta forma, el Buda convenció al rey Ajatasattu de que aquel que renunciaba a todo para llevar una vida de elevación recibía una recompensa, incluso en este mundo. Después de reflexionar sobre las palabras del Buda, el rey se conmovió.

—¡Tu discurso es magnífico —exclamó el rey—, como un hombre que lleva una lámpara en la oscuridad para mostrar aquello que no se puede ver! ¡Oh Bendito! ¡Me has mostrado la verdad! Desde hoy confiaré en el Buda, en la Doctrina y en la Hermandad de monjes. ¡Oh mi Señor! He pecado, cometí un gran error al dejar morir a mi padre, un hombre bueno y justo. Bendito, ¡acepta mi confesión!

—Habéis pecado, en efecto, Majestad —respondió el Buda—, pero habéis reconocido y admitido vuestra falta; por tanto, aceptaremos vuestra confesión, ya que aquel que se da cuenta y confiesa su pecado aprenderá el autocontrol algún día.

A altas horas de la noche, mientras la luna se ponía en el horizonte, el rey se despidió y partió. Después de que el rey se hubiese ido, el Buda se dirigió a sus discípulos:

—El rey estaba completamente conmovido. Si no le pesara en la conciencia ese gran pecado, se habría convertido. Pero el ojo del alma, mientras esté cegado por el pecado, no puede contemplar la Verdad

Capítulo XIV
El Último Viaje del Buda

VARIOS AÑOS PASARON desde que el Buda había comenzado a predicar su doctrina. Ya estaba mayor y enfermo, pero seguía viajando de pueblo en pueblo, propagando su enseñanza y compartiendo el dolor de los hombres. Cuando llegaba la temporada de las lluvias, se retiraba a uno u otro de sus monasterios, donde sus discípulos se reunían con él para pedirle consejos y enseñanzas. Uno de los sitios preferidos de Gautama era el jardín de Jeta, cerca de Savatthi, y fue allí donde pasó la cuadragésima cuarta Cuaresma que siguió a su despertar. Esta fue la última temporada que el Buda pasó en ese agradable retiro. Después, viajó desde Savatthi hasta Rajagaha, un viaje largo y agotador, y se instaló en la colina llamada Pico del Buitre.

Por entonces, el rey Ajatasattu estaba a punto de declarar la guerra a los pueblos de Vajji, un territorio situado al norte del Ganges, donde estaba la célebre ciudad de Vesali. Dudando de que resultara victorioso, el rey decidió consultar al Buda, así que mandó a su primer ministro al Pico del Buitre. Después de haber saludado al Buda y haberle preguntado por su estado de salud, el primer ministro le transmitió el mensaje del rey. «El rey —dijo— ha decidido atacar a las tribus de Vajji; ¿vencerá a sus enemigos?, ¿los aniquilará por completo?». El Buda respondió que mientras las tribus de Vajji permanecieran unidas, fieles a sus tradiciones y a los preceptos que un día él mismo les había transmitido, mientras que honrasen a sus antepasados y a los hombres santos, y respetasen sus santuarios, ningún invasor podría vencerlos. Cuando el primer ministro partió, el Buda convocó a todos sus monjes y les habló de la importancia de permanecer unidos y adoptar un comportamiento justo. «Mientras los monjes sigan reuniéndose en una harmonía perfecta —comenzó el Buda—, respetando a sus antepasados y obedeciendo a las reglas de la Orden sin jamás alterarlas, mientras caminen por los senderos de la justicia, alejados de las preocupaciones terrestres, las palabras vacías y los chismes, la religión del Buda no decaerá, sino que prosperará».

Tras haber permanecido un tiempo en el Pico del Buitre, Gautama dejó Rajagaha en compañía de un gran número de discípulos; viajaron hacia el norte y visitaron varios pueblos por el camino. Al llegar al río Ganges, lo atravesaron a la altura donde el rey Ajatasattu estaba construyendo una sólida fortaleza para defenderse de las tribus de Vajji. En los años que siguieron, una gran ciudad nació en este mismo lugar, el lugar por el que el Buda atravesó el Ganges por última vez. Se llamó Pataliputra, la nueva capital del reino de Magadha. Actualmente, esta ciudad recibe el nombre de Patna.

Después de haber visitado la ciudad de Vesali, el Buda pasó la temporada de lluvia en un pueblo cercano. Allí cayó enfermo; el dolor y la falta de fuerzas lo atormentaron, pero soportó sus dolores sin la más mínima queja. Ananda, que cuidaba de él, estaba hundido en la pena ante el temor de que su amo muriera. Un día, cuando el Buda empezaba a sentirse mejor y estaba sentado en una estera fuera del monasterio, Ananda vino y se sentó al lado de su amo, y le habló de la desesperación que lo había invadido cuando había tenido miedo de perderle. «Tu Maestro —dijo el Buda— ha alcanzado los ochenta años. Su cuerpo está curvado y deteriorado, e igual que una vieja carretilla usada y remendada con cuerdas puede avanzar a duras penas, este cuerpo ha de superar obstáculos y dificultades para seguir existiendo. Soy viejo, Ananda; mi viaje dentro de poco acabará. Pero no llores; deja que la Verdad sea tu refugio».

El Buda, al saber que su vida pronto terminaría, pidió a Ananda que convocara a todos los discípulos que se encontraban cerca de Vesali. Cuando se reunieron, les ordenó que difundieran las verdades de la religión pura por el bien y la felicidad de la humanidad. Cuando se acabó la temporada de lluvia, el Buda se puso en marcha para visitar los pueblos cercanos. Cuando dejó Vesali, se giró y contempló la ciudad durante largo rato, pues sabía que era la última vez que la vería. Viajando de pueblo en pueblo, hacia el noroeste, el Buda llegó a Pava, donde se instaló en un bosque de mangos que pertenecía a Chunda, un herrero.

Cuando Chunda supo que el Bienaventurado se encontraba en su bosque de mangos, los invitó a él y a sus discípulos a venir a su casa al día siguiente. Por la mañana, Chunda preparó un banquete : había pasteles azucarados, arroz y champiñones. Después, fue al bosque de mangos para pedir a sus invitados que vinieran, porque en Oriente era tradición que el anfitrión fuera a buscar a los invitados cuando la comida estuviera lista. Existe un equivalente en la Biblia : la historia del rey que «envió a sus criados para llamar a los que estaban invitados al banquete de bodas». Como los monjes budistas solo comen una vez al día, que debe ser entre el amanecer y el mediodía, los que querían ser hospitalarios con los monjes los invitaban a comer por la mañana. El Buda se vistió con su túnica, cogió su cuenco limosnero y fue con sus discípulos a casa de Chunda, el herrero. Cuando todos fueron servidos, Chunda se sentó junto a los pies del Maestro para escuchar sus palabras.

Aquel mismo día, Gautama fue atacado por la enfermedad ; durante la tarde, sin embargo, fue capaz de retomar su camino a Kushinagar, una pequeña ciudad situada al sur de Pava. Pero sus pasos eran costosos y tenía que descansar a menudo : el sendero de su vida pronto llegaría a su fin. Un día, mientras estaba descansando debajo de un árbol cerca de un arroyo, pidió a Ananda que fuera a buscar un poco de agua para saciar su sed. Pero Ananda, que sabía que una caravana de quinientos carros tirados por bueyes acababa de cruzar el vado del arroyo, temía que el agua estuviera sucia y turbia. El Buda repitió su petición una segunda y una tercera vez, de manera que Ananda bajó al arroyo. Para su gran sorpresa, el agua estaba tan pulcra como el cristal. «¡Qué grande es el poder del Maestro!», exclamó, pensando que se acababa de producir un milagro. Llenó el cuenco con agua clara y fresca y se la llevó al Buda, que la bebió y se sintió mejor. La siguiente parada la hicieron a orillas de un bonito río, y el Buda y sus discípulos aprovecharon para darse un baño. Cuando el sol alcanzó el zenit, descansaron en un bosque de mangos algo alejado del río.

Así, a pasos lentos y dolorosos, el Buda continuó su viaje hasta que llegó a Kushinagar, una pequeña ciudad de casas de adobe en medio de la selva. No lejos de allí había un bosque de salas, donde Ananda pre-

paró la estera para su Maestro. Entre dos árboles gemelos, así llamados porque eran exactamente del mismo tamaño, el Buda se tendió para descansar, con la cabeza hacia el norte. De pronto, los dos salas debajo de los que estaba tendido florecieron; una lluvia de pétalos cayó sobre su cuerpo, mientras una música divina flotaba en el aire en honor al Bienaventurado.

Mientras el Buda estaba tendido en el bosque de salas, calmado y sereno, habló largo rato con Ananda acerca de la Orden y de las reglas que los monjes tenían que observar una vez que él no estuviese allí para guiarlos. Al final del discurso, Ananda fue invadido por el dolor. Vio que su amo estaba moribundo, y decidió apartarse para derramar amargas lágrimas de lo insoportable que le resultaba la idea de perder a su querido Maestro. El Buda notó la ausencia de Ananda. «¿Dónde está Ananda?», preguntó, y mandó a uno de sus monjes a buscarlo. «No estés triste Ananda —dijo el Buda cuando su discípulo se sentó nuevamente a su lado—. Así son las cosas: el tiempo de separarnos de los que queremos tiene que llegar, tarde o temprano; porque la naturaleza quiere que todo ser nacido en este mundo termine muriendo. ¿Cómo podría ser de otra forma? Has permanecido muy cerca de mí durante mucho tiempo, Ananda; has llevado a cabo numerosos actos de amabilidad con un amor que nunca ha vacilado. Luchando continuamente, tú también alcanzarás dentro de poco la Paz del Nirvana». Luego, el Buda habló a la asamblea de monjes sobre la gentileza, la dedicación y las numerosas cualidades de su primo. Después, mandó a Ananda a la ciudad para decir a los habitantes de Kushinagar que el Buda estaba muriéndose en el bosque de salas. Los nobles de Kushinagar estaban reunidos en la sala del consejo; Ananda entró, y les dijo que antes del nuevo día el Bienaventurado habría fallecido. Cuando los habitantes conocieron la noticia no pudieron soportar el sufrimiento. Invadidos por la idea de que la luz del mundo fuera a desaparecer, todos se dejaron llevar por la tristeza: muchos cayeron al suelo, llorando, y las mujeres se soltaron el cabello pronunciando fuertes lamentos. Y mientras la noche llegaba, los hombres de Kushinagar, cada uno con su familia y su personal doméstico, fueron a visitar al moribundo Buda para inclinarse ante él.

Un joven filósofo brahmán llamado Subhadda se alojaba por entonces en Kushinagar. Como dudaba de su fe, deseaba hablar con el Buda, así que fue al bosque de salas. Pero Ananda se negó a molestar a su amo. «No lo molestes —dijo—; está extenuado». Gautama, al oír las voces, preguntó quién estaba allí e hizo entrar al brahmán. Entonces, Subhadda se acercó al Buda y, después de haberle saludado con deferencia, le preguntó acerca de las doctrinas de los grandes filósofos hindúes para saber cuál de ellas era el camino hacia la Verdad. Pero el gran Maestro le pidió que no se preocupara por esas cuestiones de eruditos. La verdadera religión debe enseñar, en primer lugar, la práctica de la virtud; solo mediante el deseo sincero de actuar correctamente, siguiendo el Noble Óctuple Sendero, se puede encontrar la Paz. Cuando Subhadda escuchó las palabras del Buda, toda duda abandonó su espíritu y se convirtió. «Como aquel que muestra el camino al hombre que se extravió, como aquel que trae la luz que ilumina la oscuridad, ¡Oh Bienaventurado, me has mostrado la verdad!». El joven brahmán pidió que lo aceptaran como discípulo, y Ananda, que se lo llevó aparte, lo recibió en la Orden. Derramó agua sobre su cabeza, le rasuró el pelo y la barba y le puso la túnica amarilla. Luego, Subhadda repitió los «tres refugios»: «Me refugio en el Buda; me refugio en la Doctrina; me refugio en la Orden». Finalmente, volvió junto a su Maestro y se sentó a su lado. Subhadda fue el último hombre al que convirtió el Buda.

El Buda habló de nuevo con Ananda; luego, preguntó a los discípulos presentes si había alguno que dudara de sus enseñanzas, e invitó a que, aquellos que así lo deseasen, le hicieran preguntas libremente. Pero todos los monjes permanecieron en silencio. El Buda les hizo la misma pregunta una segunda vez, y luego una tercera; pero ni uno solo de los que estaban presentes tenía alguna duda o incertidumbre. La noche pasó mientras los discípulos vigilaban a su amo moribundo en el tranquilo bosque de salas. El Buda falleció durante el tercer turno de vigilancia.

• • • • • •

En el transcurso de una ceremonia solemne, los habitantes de

Kushinagar se congregaron ante el cuerpo del Bienaventurado con la misma deferencia que mostrarían al más grande de los reyes. Los nobles, seguidos por todos los habitantes, marcharon en procesión hacia el bosque de salas, llevando guirnaldas de flores, perfumes, especias dulces, arpas, flautas y otros instrumentos musicales. Encima del cuerpo del Buda, instalaron un dosel en el que colgaron ramos de flores de loto. Hasta que el sol salió, los habitantes honraron los restos del Buda con himnos, música y ritos religiosos.

Cuando todo estuvo listo para la cremación del cuerpo, ocho jefes de Kushinagar transportaron al Bienaventurado a la ciudad; entraron por la puerta norte y salieron por la puerta este, hasta llegar al lugar donde la pira funeraria había sido preparada. La comitiva se movía lentamente debido a que las estrechas calles estaban llenas de gente, que cubrían el camino de flores y de especias dulces. El cuerpo fue incinerado y se llevaron a cabo nuevas ceremonias; luego, las cenizas fueron colocadas en la sala del consejo. Para mantener la sacralidad del lugar, los guerreros de Kushinagar hicieron una muralla con sus arcos y plantaron sus lanzas a modo de empalizada. Además, la sala del consejo estaba protegida por una fila de elefantes, otra de jinetes y otra de carros. Durante siete días, la gente honró las cenizas del Buda con guirnaldas de flores, tocando música y bailando de manera solemne.

Cuando circuló la noticia de que el Buda había fallecido en Kushinagar, Ajatasattu, rey de Magadha, envió a un mensajero para que recuperase una parte de las cenizas: deseaba construir un hito o un monumento alrededor de la reliquia y organizar una fiesta anual en honor al Buda. El pueblo de Vesali pidió lo mismo, así como los *sakyas* de Kapilavatthu. En todas las tierras donde el Buda había sido conocido y amado, la gente quería honrarlo y guardar su recuerdo intacto en sus memorias. Hubo en total ocho mensajeros que llegaron a Kushinagar para pedir una parte de las cenizas. Al principio, los nobles de Kushinagar se negaron a compartir las reliquias, ya que el Bienaventurado había muerto en su tierra y consideraban que sus restos debían quedarse allí. Un animado debate habría podido surgir, pero un brahmán, que era creyente, se dirigió a la multitud y señaló cuán terrible sería si estallase un conflicto por los restos del hombre más grande de la humanidad, que siempre había enseñado la paz y la tolerancia. Finalmente, las reliquias fueron divididas en ocho partes, y, en varias partes del país, encima de ellas fueron construidas ocho hitos. Estos monumentos generalmente tenían la forma de un montículo sólido y una pequeña cámara del tesoro que contenía las reliquias. Las ruinas de algunos de estos hitos se han descubierto y extraído. Debían de ser enormes; por ejemplo, es posible que el hito que fue construido por los *sakyas* hubiera sido tan grande como la cúpula de la catedral de San Pablo de Londres. Podemos ver tales monumentos en todos los países budistas: en Sri Lanka se llaman dagobas; en otros lugares, chedis o estupas. Se construyeron para mantener viva la memoria de los hombres santos, y no tenían por qué contener obligatoriamente unas reliquias. Los creyentes llevan ofrendas de flores a estos santuarios y allí se detienen para meditar. «Cuando se dicen: "Esta es la dagoba del Bienaventurado, del Buda", muchos se sienten felices y en paz».

Capítulo XV
La Propagación de la Fe

Como ya hemos visto, Gautama el Buda, el gran reformador, purificó las creencias religiosas de su tierra natal y proporcionó a sus compatriotas un ideal más elevado que todo aquello que la humanidad había podido imaginar antes del cristianismo: contemplar el mundo al completo y todos los seres que habitan en él con amor y simpatía; superar el odio mediante el amor; perseguir la virtud por la belleza del gesto; no buscar ninguna recompensa que no sea la paz interior y la tranquilidad en el corazón... Estas acciones eran las que el Buda esperaba observar en sus fieles. Cierto es que supone esperar demasiado de la naturaleza humana; pero esta religión tan exigente, que parece prometer tan poco, es seguida por numerosos creyentes desde siempre. El budismo domina gran parte del continente asiático: Sri Lanka, Birmania, Tailandia, Japón, China, el Tíbet... En total son quinientos millones de hombres y mujeres los que profesan la fe del Buda. Esta religión se ha extendido más allá de las fronteras sin que nadie haya recurrido a la espada, acontecimiento escaso donde los haya.

Cuando una religión es compartida por razas de la humanidad tan sumamente diferentes con respecto a sus ideales o modos de pensamiento, es imposible que se practique de forma idéntica en todos los países. Y de la misma forma que el cristianismo de Roma no es el mismo que el de una secta como la de los cuáqueros, el budismo practicado en el Tíbet, con sus ritos y ceremonias elaborados, es diferente de la Fe más elemental practicada en Sri Lanka y Birmania. Quizás penséis también que el budismo pervive en la India, su tierra natal, pero no es el caso. Aunque la Fe hubiera nacido y se hubiera extendido por la India durante siglos, el brahmanismo terminó restableciendo su dominio sobre el pueblo y, en nuestros días, las doctrinas del Buda prácticamente han desaparecido de la tierra en la que el Bienaventurado vivió tantos años. No obstante, si bien el budismo ya no es practicado en la India, su influencia aún pervive. Las enseñanzas del Buda sobrevivieron bajo la forma de los principios del amor y la simpatía que se deben mostrar por todo ser vivo en varias sociedades caritativas que practican el hinduismo moderno.

Tras la muerte del Buda, que tuvo lugar en 480 a. C, los pequeños Estados de la India, de los que ya hemos hablado en nuestra historia, conocieron varios cambios. Los periodos de convulsión y las guerras se sucedieron, permitiendo al reino de Magadha anexionarse la mayoría de los Estados vecinos y ampliar así sus fronteras. Pataliputra se convirtió en la nueva capital de Magadha, remplazando así a Rajgir. Era una ciudad grande y magnífica situada en el lugar donde se encuentra actualmente la ciudad de Patna. Las ruinas de Pataliputra han sido localizadas, pero su extracción es difícil dado que están enterradas a seis metros de profundidad bajo la ciudad actual. El reino de Magadha ocupaba un posición predominante entre los Estados indios, y se convirtió en un reino vasto y poderoso cuando el país fue invadido por Alejando Magno en 327 a. C.

Cuando este último murió, su gigantesco imperio se fragmentó en multitud de reinos. En el noroeste de la India había varios de ellos. Apenas un año después de la muerte de Alejando Magno, los pueblos de las provincias conquistadas se sublevaron. El joven Chandagutta, un descendiente de la familia real del reino de Magadha, era el comandante de los insurrectos. Había sido bandido, y debía de tener un gran talento, pues consiguió liberar a su pueblo y expulsar a los invasores griegos de la India. Cuando una revuelta tuvo lugar en Pataliputra, Chandagutta se puso al frente de los rebeldes y, juntos, triunfaron. El rey fue destronado y ejecutado, al igual que su familia. Chandagutta fue proclamado rey del reino de Magadha. Su reinado duró veinticuatro años; demostró destreza en sus funciones... y crueldad. Chandagutta conquistó numerosos territorios. Ya que una gran parte de la península india se encontró reunida en tomo a la misma bandera bajo su reinado, puede ser considerado como el primer emperador de la India. Su hijo Bindusára le sucedió y reinó durante veintiocho años; pero se sabe muy poco sobre él.

El extenso imperio indio fundado por Chandagutta pasó a manos de su nieto, Ashoka, en 273 a. C. Al igual que su padre y su abuelo, Ashoka creció en el brahmanismo. Fue un dirigente sabio y justo, y contribuyó mucho al bienestar de su pueblo al cabo de sus cuarenta años de reinado. Durante su decimotercer año sobre el trono, Ashoka entró en guerra con el reino de Kalinga, que se extendía a lo largo del golfo de Bengala. Los combates fueron atroces; la sangre no dejó de correr. Cien mil hombres fueron masacrados al término de la contienda; los prisioneros fueron más numerosos, y muchos sucumbieron a las enfermedades. Al final, el ejército de Ashoka venció, y el reino de Kalinga pasó a ser una provincia del imperio indio.

Los libros de Historia que relatan la vida de los grandes conquistadores, como Alejandro Magno o Napoleón, muestran cómo el éxito atiza la sed de conquista. Sin tener en cuenta el sufrimiento que los invasores siembran a su paso, estos conquistadores continuaban planificando nuevas campañas, cegados por el deseo de someter nuevos territorios. Pero para el rey indio, las conquistas tenían más bien un sabor amargo: a Ashoka le atormentaba el pensamiento de la miseria en la que había hundido el reino de Kalinga, y fue presa del más sincero de los remordimientos. La voluntad de este rey indio que vivió hace más de dos mil años la conocemos gracias a las tablas y piedras sobre las que el gran emperador Ashoka mandaba inscribir sus decretos y declaraciones. Estos monumentos se siguen viendo hoy día por todo el país.

Algunas inscripciones se encuentran en columnas altas y elegantes, adornadas frecuentemente con motivos florales y de animales; otras se encuentran grabadas en rocas o en cuevas de lugares desiertos, salvajes, rodeados por el follaje reinante. Durante largo tiempo estos mensajes han permanecido en el anonimato al estar escritos en una lengua olvidada. Pero poco a poco, a base de paciencia y dedicación, los investigadores aprendieron a descifrarla. Gracias a ello, hoy día las palabras de Ashoka pueden ser comprendidas. Es increíble pensar que estos escritos grabados sobre piedra puedan brindarnos los pensamientos de un rey que vivió hace muchísimo tiempo.

Uno de los decretos más interesantes se publicó cuatro años después de la conquista del reino de Kalinga. Habla «de la profunda tristeza y los remordimientos» que «Su venerable Majestad» sentía desde la guerra que tantos males había causado. Podemos leer: «Ciento cincuenta mil personas fueron apresadas; cien mil, masacradas; y cientos de miles más perecieron». Ashoka habla también sobre los remordimientos que sentía tras la toma del reino de Kalinga «porque la conquista de un país nunca antes conquistado trae consigo su serie de masacres, muertos y prisioneros». Lamentaba que hombres santos y otros inocentes hubieran conocido la desdicha y la adversidad que provoca la guerra. Pero la declaración más importante de este decreto es la siguiente: «Tras la anexión del reino de Kalinga, Su venerable Majestad comenzó a proteger celosamente la Ley de la Piedad, a amarla, a dar instrucciones teniéndola presente». La «Ley de la Piedad» a la que el rey se refiere es la Doctrina del Buda. Así, los remordimientos de Ashoka lo conducirían a la Pe que busca no quitar, sino perdonar la vida, hacer que todas las criaturas conozcan la felicidad. Haber provocado el sufrimiento de inocentes lo llenaba de pesar, y no era un remordimiento vacío o efímero, pues, cuando abrazó la Doctrina del Buda, el rey hizo todo lo que estuvo en su mano para instaurar la dicha y el bienestar de su pueblo. «Todos los hombres son mis hijos —dijo Ashoka—, y si deseo a mis hijos prosperidad y felicidad tanto en este mundo como en el siguiente, las deseo también para todos los hombres». Ashoka también quería que las tribus rebeldes próximas a las fronteras del imperio no tuvieran miedo, que confiaran en él, que no recibieran por su parte sino dicha en lugar de tristeza. Este rey, que había luchado contra sí mismo, ¿no era más grande que todos los caudillos que conquistaron naciones y reinos dejando a su paso el recuerdo de un sufrimiento y un dolor inefables?

Tras su conversión, Ashoka fue un discípulo laico durante dos años y medio; después, pasó a formar parte de la Orden y cumplió, al mismo tiempo, con sus deberes de monje y de soberano. Trabajaba sin descanso por el bien de su pueblo y supo mejorar en gran medida las condiciones de vida de sus súbditos: ordenó construir puentes, hacer nuevos caminos, cavar pozos y plantar árboles; hizo edificar refugios y hospicios para los viajeros a lo largo de los caminos principales; e hizo construir también hospitales y clínicas veterinarias por todo el imperio. Los budistas fueron los primeros en construir hospitales para tratar a los enfermos. Con respecto a las clínicas veterinarias, todavía hoy día encontramos varias de ellas en la India, testimonio del respeto que sienten los budistas por los animales.

Ashoka se esforzó por el bienestar material de su pueblo; pero pensaba que lo más bello que podía ofrecerle era la Doctrina del Buda. Por tanto, envío a maestros por todo el imperio porque, en aquella época, el budismo aún no estaba presente en toda la península india. Se promulgaron leyes para proteger los preceptos budistas, especialmente para asegurar un trato justo a los animales: las «bestias» ya no se podían asesinar para llevar a cabo un sacrificio, y se prohibió matar animales —tanto aves voladoras como animales terrestres— que no fueran comestibles. La caza real se abolió y, en lugar de dedicarse a tal actividad como hacía antes de su conversión, el rey realizaba peregrinajes. Así, visitó dos veces el lugar de nacimiento del Buda, donde erigió una columna portadora de la inscripción: «Aquí nació el Bienaventurado». Ashoka visitó igualmente otros lugares en los que tuvieron lugar los acontecimientos más importantes de la vida del Buda: el árbol Bo, bajo el que Gautama había alcanzado la sabiduría; el monasterio de Jeta, donde durante largo tiempo había enseñado; el bosque de salas de Kushinagar, lugar donde murió… El rey hizo levantar varios monasterios y estupas, y cerca del árbol Bo hizo construir un magnífico templo cuyas ruinas todavía existen.

Aunque Ashoka practicara con fervor la religión a la que se había convertido, siempre fue tolerante con aquellos que poseían otras creencias. Uno de sus decretos sobre la tolerancia comienza así: «Su venerable y alabada Majestad siente veneración por los hombres de todos los cultos». Ashoka seguía la doctrina del Buda y consideraba que un buen comportamiento era más importante que los ritos y las ceremonias. Estaba convencido de la importancia que tiene para un hombre el actuar en función de sus creencias.

Durante su reinado, se celebró en Pataliputra un gran consejo eclesiástico que agrupó a los decanos de la comunidad. En él se volvieron a redactar las Escrituras budistas para que la Doctrina estuviera formulada de forma clara, evitando así las fragmentaciones y las herejías. Esta fue la tercera vez que el consejo se reunía tras la muerte de Buda.

No satisfecho con haber instaurado la Fe en su territorio, Ashoka desarrolló más tarde un proyecto para difundir las enseñanzas del Buda por el extranjero. Imaginemos lo que podía representar esta empresa en aquella época, en la que los medios de transporte eran rudimentarios. Se enviaron misioneros a la región del Himalaya y a las tierras fronterizas que estaban al noroeste del imperio. La Fe se enraizó así en el Tíbet, en China, Mongolia, Corea y Japón, países en los que hoy día sigue prosperando. Los hombres enviados por Ashoka llegaron también al oeste de Asia, al este de Europa e, incluso, al norte de África. Ordenó que su propio hijo, Mahendra, partiese a Sri Lanka (según algunas fuentes, se trataba de su hermano pequeño). Este último había ingresado en la Orden de los monjes doce años antes. Llegó a la isla con un grupo de religiosos, y fueron recibidos amistosamente por el rey, que se convirtió rápidamente al budismo. Muchos de sus subditos siguieron su ejemplo. En Anurádhapura, que por entonces era la capital de la isla, el rey hizo edificar un gran monasterio y una magnífica dagoba que aún se mantiene en pie.

Mahendra pasó el resto de sus días en Sri Lanka. No lejos de Anurádhapura, una espléndida colina dominaba todos los valles circundantes; en su ladera oeste, se excavó un pequeño nicho en la roca. Este tranquilo lugar, alejado del bullicio de la ciudad, era donde Mahendra meditaba, y en él murió, tras una larga vida dedicada al bienestar de los demás.

Cuando el Buda alcanzó la sabiduría que le permitiría enseñar a la humanidad, se encontraba sentado, como sabemos, al pie de un Ficus religiosa cerca de los bosques de Uruvela. Este árbol, conocido desde entonces como el árbol Bo o Árbol de la Sabiduría, era venerado por los budistas, pues el Buda había alcanzado la Paz Suprema bajo sus ramas. Los habitantes de Sri Lanka recientemente convertidos deseaban plantar un esqueje del árbol sagrado; de esta forma, pidieron al rey Ashoka que les diera una rama. Ashoka accedió a la petición y envió a su hija —que había ingresado en la Comunidad de religiosas— con un esqueje del árbol sagrado a Sri Lanka, acompañada por un grupo de monjas. La preciada semilla fue plantada en Anurádhapura, donde creció y floreció. Actualmente, este árbol aún existe : es el árbol más antiguo del mundo. Los monjes que vivían en uno de los monasterios de la isla lo cuidan con celo. Lo tratan con mucho respeto desde hace más de dos mil años, ya que conmemora la vida de su Maestro bienamado. La ciudad de Anurádhapura, otrora espléndida, prácticamente ha desaparecido bajo la espesa vegetación de la jungla ceilandesa.

Aunque el budismo difiera en muchos aspectos de nuestra religión cristiana, no podemos sino respetar una Fe que ha guiado a tantísimos hombres. A la imagen de Ashoka, honremos a aquellos que persiguen la verdad que les enseña su culto.

Un hombre que buscaba la Verdad hizo una vez esta pregunta a Gautama : « ¿Dónde puedo encontrar, en medio de las turbias aguas de la vida, que arrastran muerte y putrefacción, una isla, un refugio contra el mal del mundo ? ». El Buda respondió : « Existe una isla donde la muerte no posee poder alguno. Es el Nirvana, la Paz eterna ». Desde entonces, miles de hombres y mujeres creen en esta promesa del Buda, y marchan hacia esa « otra orilla » en busca de la Paz del Nirvana !

Libro Consultado

- *Buddhism*. Rhys Davids.
- *Buddhism*. Mrs Rhys Davids.
- *The Life of the Buddha*. W. Rockhill.
- *The Life of Gaudama*. Bigandet.
- *Buddha*. Trans, from the German of Oldenberg.
- *Buddhist Birth Stories*. Rhys Davids.
- *Buddhist Suttas*. Trans, by Rhys Davids.
- *Dialogues of the Buddha*. Trans, by Rhys Davids.
- *The Dhammapada and Sutta-Nipata*. Max Miiller and Fausboll.
- *Buddhism*. Coplestone.
- *Buddhist India*. Rhys Davids.
- *Asoka*. (Rulers of India Series.) Vincent Smith.

Ediciones Discovery es una editorial multimedia cuya misión es inspirar y apoyar la transformación personal, el crecimiento espiritual y el despertar. Con cada título, nos esforzamos en preservar la sabiduría esencial del autor, del instructor espiritual, del pensador, del sanador y del artista visionario.

www.ingramcontent.com/pod-product-compliance
Lightning Source LLC
LaVergne TN
LVHW091155080426
835509LV00006B/702